中国社会科学院国情调研特大项目"精准扶贫精准脱贫百村调研"

精准扶贫精准脱贫百村调研丛书
CASE STUDIES OF TARGETED POVERTY REDUCTION AND
ALLEVIATION IN 100 VILLAGES

李培林／主编

精准扶贫精准脱贫
百村调研·顺安村卷

"石山王国"村庄贫困治理的逻辑

廖永松　张宗帅　韦　鹏／著

社会科学文献出版社
SOCIAL SCIENCES ACADEMIC PRESS (CHINA)

"精准扶贫精准脱贫百村调研丛书"
编委会

主　编：李培林
副主编：马　援　魏后凯　陈光金
成　员：（按姓氏笔画排序）
　　　　　王子豪　王延中　李　平　张　平　张　翼
　　　　　张车伟　荆林波　谢寿光　潘家华

中国社会科学院国情调研特大项目
"精准扶贫精准脱贫百村调研"
项目协调办公室

主　任：王子豪
成　员：檀学文　刁鹏飞　闫　珺　田　甜　曲海燕

总　序

　　调查研究是党的优良传统和作风。在党中央领导下，中国社会科学院一贯秉持理论联系实际的学风，并具有开展国情调研的深厚传统。1988年，中国社会科学院与全国社会科学界一起开展了百县市经济社会调查，并被列为"七五"和"八五"国家哲学社会科学重点课题，出版了《中国国情丛书——百县市经济社会调查》。1998年，国情调研视野从中观走向微观，由国家社科基金批准百村经济社会调查"九五"重点项目，出版了《中国国情丛书——百村经济社会调查》。2006年，中国社会科学院全面启动国情调研工作，先后组织实施了1000余项国情调研项目，与地方合作设立院级国情调研基地12个、所级国情调研基地59个。国情调研很好地践行了理论联系实际、实践是检验真理的唯一标准的马克思主义认识论和学风，为发挥中国社会科学院思想库和智囊团作用做出了重要贡献。

　　党的十八大以来，在全面建成小康社会目标指引下，中央提出了到2020年实现我国现行标准下农村贫困人口脱贫、贫困县全部"摘帽"、解决区域性整体贫困的脱贫攻坚目标。中国的减贫成就举世瞩目，如此宏大的脱贫目标世所罕见。到2020年实现全面精准脱贫是党的十九大提出的三大攻坚战之一，是重大的社会目标和政治任务，中国的贫困地区在此期间也将发生翻天覆地的变化，而变化的过程注定不会一帆风顺或云淡风轻。记录这个伟大的过程，总结解决这个世界性难题的经验，为完成这个攻坚战献计献策，是社会科学工作者应有的责任担当。

2016年，中国社会科学院根据中央做出的"打赢脱贫攻坚战"战略部署，决定设立"精准扶贫精准脱贫百村调研"国情调研特大项目，集中优势人力、物力，以精准扶贫为主题，集中两年时间，开展贫困村百村调研。"精准扶贫精准脱贫百村调研"是中国社会科学院国情调研重大工程，有统一的样本村选择标准和广泛的地域分布，有明确的调研目标和统一的调研进度安排。调研的104个样本村，西部、中部和东部地区的比例分别为57%、27%和16%，对民族地区、边境地区、片区、深度贫困地区都有专门的考虑，有望对全国贫困村有基本的代表性，对当前中国农村贫困状况和减贫、发展状况有一个横断面式的全景展示。

在以习近平同志为核心的党中央坚强领导下，党的十八大以来的中国特色社会主义实践引导中国进入中国特色社会主义新时代，我国经济社会格局正在发生深刻变化，脱贫攻坚行动顺利推进，每年实现贫困人口脱贫1000多万人，贫困人口从2012年的9899万人减少到2017年的3046万人，在较短时间内实现了贫困村面貌的巨大改观。中国社会科学院组建了一百支调研团队，动员了不少于500名科研人员的调研队伍，付出了不少于3000个工作日，用脚步、笔尖和镜头记录了百余个贫困村在近年来发生的巨大变化。

根据规划，每个贫困村子课题组不仅要为总课题组提供数据，还要撰写和出版村庄调研报告，这就是呈现在读者面前的"精准扶贫精准脱贫百村调研丛书"。为了达到了解国情的基本目的，总课题组拟定了调研提纲和问卷，要求各村调研都要执行基本的"规定动作"和因村而异的"自选动作"，了解和写出每个村的特色，写出脱贫路上的风采以及荆棘！对每部报告我们都组织了专家评审，由作者根据修改意见进行修改，直到达到出版要求。我们希望，这套丛书的出版能为脱贫攻坚大业写下浓重的一笔。

中共十九大的胜利召开，确立习近平新时代中国特色社会主义思想作为各项工作的指导思想，宣告中国特色社会主义进入新时代，中央做出了社会主要矛盾转化的重大判断。从现在起到2020年，既是全面建成小康社会的决胜期，也是迈向第二个百年奋斗目标的历史交会期。在此期间，国家强调坚决打好防范化解重大风险、精准脱贫、污染防治三大攻坚战。2018年春节前夕，习近平总书记到深度贫困的四川凉山地区考察，就打好精准脱贫攻坚战提出八条要求，并通过脱贫攻坚三年行动计划加以推进。与此同时，为应对我国乡村发展不平衡不充分尤其突出的问题，国家适时启动了乡村振兴战略，要求到2020年乡村振兴取得重要进展，做好实施乡村振兴战略与打好精准脱贫攻坚战的有机衔接。通过调研，我们也发现，很多地方已经在实际工作中将脱贫攻坚与美丽乡村建设、城乡发展一体化结合在一起开展。可以预见，贫困地区的脱贫攻坚将不再只局限于贫困户脱贫，我们有充分的信心从贫困村发展看到乡村振兴的曙光和未来。

是为序！

全国人民代表大会社会建设委员会副主任委员

中国社会科学院副院长、学部委员

2018年10月

前　言

2012 年以来，中国开始了大规模的贫困治理行动，全国各条战线的扶贫力量得到最大限度的整合，广大基层干部和群众也纷纷行动起来，参与到精准扶贫精准脱贫的伟大实践中，我国扶贫工作取得了举世瞩目的伟大成就。但也应看到，由于扶贫进入攻坚期，时间紧，任务重，而地方经济社会发展水平悬殊，面临的扶贫任务很不相同，这就要求各地在贯彻国家精准扶贫大政方针的同时，紧密结合当地实际，制定有效的扶贫政策。与此同时，国家的扶贫政策要根据各地扶贫实践中遇到的问题，实时调整，形成上下互动的良性机制，确保脱贫目标如期实现。

几个世纪以来，社会科学界对贫困问题的研究热度循环往复，但是从 20 世纪末开始，贫困问题在发展中国家得到了持续关注，重要的文献有：①由 Foster、Greer 和 Thorbecke 1984 年发表在《计量经济学》上具有开创性的文章[1]，提出了贫困测度不仅需要考虑贫困发生率，而

---

[1] Foster James, Joel Greer and Erik Thorbecke, "A Class of Decomposable Poverty Measures", *Econometrica* 52 (1984).

且需要考虑贫困发生的程度和严重性;②Ravallion 2007年对反贫困项目评估方法的贡献[1];③生活标准测度研究(The Living Standards Measurement Study)通过高质量的农户调查资料来推测贫困发生情况;④农村参与式评估,Chambers利用定性分析法分析对贫困的看法[2]和Narayan等倾听贫困者的声音[3];⑤定性与定量相结合的研究,被称为Q2(Qualitative and Quantitative)法,如2005年联合国统计署发布的《贫困统计手册:概念、方法和政策应用》[4]和《贫困和不平等手册》[5]等。顺安村是广西壮族自治区都安瑶族自治县一个资源极度匮乏的贫困山村,在借鉴已有研究方法的基础上,根据2016年中国社会科学院百村调研计划,课题组在2017年4月和9月两次入驻顺安村开展田野调查,以了解此类型村庄贫困治理的现状、典型经验和问题,为我国贫困治理工作提供参考。

项目组与都安县扶贫部门座谈,查阅相关文件,了解县、镇、村精准扶贫的总体情况,以村填写表、村访问表和农户问卷调查表三种方式收集顺安村的村户资料。顺安村是建档立卡贫困村,村内住户分为建档立卡贫困

---

[1] M.Ravallion, "Evaluating Anti-Poverty Programs and Book of Development Economics", *Handbook of Development Economics* 4 (2007).

[2] R.Chambers, *Whose Reality Counts:Putting the First Last* (London: Intermediate Technology, 1997).

[3] D.Narayan, R. Patel and K.Schafft et al., *Can Any One Hear Us? Voices From 47 Countries* (Washington, DC: World Bank, 1999).

[4] United Nations Statistics Division, *Handbook on Poverty Statistics:Concepts, Methods and Policy Use*(2005).

[5] J.Haughton, S.Khandker, *Handbook on Poverty and Inequality* (Washington, DC: World Bank, 2009).

户和非贫困户,对于建档立卡贫困户,以村建档立卡贫困户名单为依据,采取随机起点等距抽样;对于非贫困户,以自然村或村民小组为单位,采取按住户经济条件(好、中、差)分层抽样。全村问卷调查农户共计60户,其中有37户贫困户、12户脱贫户和11户非贫困户。项目组在驻村调查时与一些典型户如易地搬迁户、返贫户、漏评户进行深度访谈,了解精准识别、精准帮扶、精准管理和精准考核各环节中的理论难题与实践困境。调研发现,顺安村扶贫脱贫工作取得重要进展,产业扶贫和易地搬迁等主体性扶贫工作有序开展,扶贫脱贫措施符合实际,村民生产生活条件得到极大改善,全村正向脱贫攻坚的总目标推进。也注意到,受中国经济社会发展阶段的限制,顺安村作为资源匮乏的山间村落,经济社会发展的基础仍然薄弱,很多脱贫户可持续发展能力差,不少人极易返贫。将大量本应覆盖更多低收入群体的教育、医疗、养老等政策与建档立卡贫困户挂钩,加大了贫困线上下农户的收入不公平程度,造成村民、干群关系的新一轮紧张,降低了政策效率。扶贫政策的一次性契约特征与村内多次性契约特征的熟人社会之间产生了治理冲突,使理论上正确的"精准"扶贫理念在实践中受挫,从贫困户识别、帮扶,到退出、考核的精准性与政策要求的程度存在难以吻合的现象,地方扶贫工作陷入重复"回头看"的数据、表格资料以及应付各类考核检查的实践困境。这需要从经济发展和农村社会性质的角度正确认识精准扶贫的"精准"内涵,脚踏实地地做好扶贫工作。总体上看,山村资源匮乏,承载力低,人口外迁是脱贫的根本出路。在此基础上,应加大基础设施建设力度,充分开发利用当地旅游资源,通过农文旅相结合,促进留村农民就业机会的增加、收入水平的不断提升。

目 录

// 001　第一章　贫困治理的始点——初识村情
　　/ 004　第一节　自然资源禀赋
　　/ 010　第二节　顺安村的经济基础
　　/ 017　第三节　人口特征和文化习俗

// 027　第二章　贫困治理的基础——精准识别
　　/ 030　第一节　贫困识别的理论讨论
　　/ 051　第二节　顺安村贫困识别标准和过程
　　/ 059　第三节　顺安村贫困识别管理

// 075　第三章　贫困治理的内核——精准扶贫
　　/ 078　第一节　扶贫制度和政策
　　/ 089　第二节　产业扶贫
　　/ 096　第三节　易地搬迁和外出就业
　　/ 105　第四节　教育、医疗、社保兜底扶贫

// 115　第四章　贫困治理的终点——精准脱贫

　　/ 118　第一节　脱贫标准与效果

　　/ 124　第二节　脱贫效果与考核

　　/ 137　第三节　贫困户退出

// 159　附　录

　　/ 161　附录一　不愿易地搬迁的瑶家汉子

　　/ 178　附录二　顺安村走访手记

　　/ 220　附录三　顺安村党组织第一书记韦鹏工作总结

// 259　参考文献

// 261　后　记

第一章

贫困治理的始点——初识村情

都安瑶族自治县（以下简称都安县）位于东经107°51′~108°30′，北纬23°47′~24°35′，地处西南出海大通道关键节点，是广西壮族自治区首府南宁市的后花园和河池市的南大门；属亚热带季风气候，地势西北高、东南低，是全国喀斯特地貌发育最为典型的地区之一；境内洼地密布、石山连绵，素有"石山王国"之称。2015年末户籍人口70.96万，有瑶、壮、苗、仫佬等少数民族人口68万，农村人口51.42万人，分散居住在1.5万多个山弄里。全县辖区面积4095.2平方公里，耕地面积45万亩，人均耕地面积不足0.7亩，是全国深度贫困地区之一。顺安村坐落于县城北40公里的大山深处，受区域环境制约，是都安县的重点贫困村。

第一节 自然资源禀赋

自然资源条件是区域经济社会发展的基础,也是区域文化制度形成的基本要素。贫困治理的逻辑起点,在于充分认识村域资源禀赋条件,明确区域比较优势,制定脱贫方略。

一 气候资源

气候资源通常指在一定的技术和经济条件下为人类提供物质及能量的主要自然资源,包括人类生产生活必不可少的光、热、水、风、大气等。气候资源可分为热量资源、光能资源、水分资源、风能资源和大气成分资源等。

都安县气温谷地稍高,山区较低,山区比谷地低2℃~3℃。全年平均气温为19.6℃~21.6℃,其中一月气温最低,平均气温为12.2℃,七月最高,平均气温达到28.6℃。实测极端最高气温达39.6℃(1990年测),极端最低气温为-1.2℃(1977年测)。全县年平均降雨量为1726毫米,降雨总量并不少,但水资源分布不均。全县水资源总量为31.33亿立方米,占河池市水资源总量的12.97%,人均水资源量为5012立方米,是全国人均水资源量的2.24倍。因喀斯特地貌特征,地表难以储水,地下河流发达,当地有"地下水悠悠,地上渴死牛"的谚语。境内有河流分布的峰林谷地和丘陵地区的水资源丰富,而无河流的广大峰丛之间的洼地则缺水严重，冬春两季饮水极为困难。

都安县境内地表河流属珠江流域西江水系，三条主要河流——红水河及其支流澄江、刁江均为西北向东南流，红水河境内径流量642亿立方米，澄江境内径流量8.92亿立方米，刁江境内径流量23.04亿立方米，过境河流内径流量合计673.96亿立方米；红水河水能资源丰富，水电是当地的重要资源。县境内最大的地下河系为地苏地下河系，其上流发源于大化瑶族自治县的七百弄山区，从地下自西北向东南流经保安、东庙、地苏等乡镇，在地苏镇的青水村注入红水河；干流全长57.2公里，有支流12条，集雨面积为1054平方公里。最大流量为414立方米/秒，洪水期流量超过500立方米/秒，最枯流量为3.6立方米/秒，年径流量为11.59亿立方米，为广西最大的地下河系之一。但地下水埋藏深（一般距地表30~50米），开发利用难度较大。

都安县气候温和，热量丰富，雨水充沛。无霜期长达340天以上，植物生长周期长，一年可两至三熟。热量虽足，唯山高弄深，日照偏少。峡谷风害多，常常旱涝风灾交相侵袭。因耕地多系岩缝地，鸟兽虫害特别多。种种不利因素制约着当地农业的健康发展，粮食产物难以稳产高产，且结构单一。

二　土地资源

都安县辖19个乡（镇），行政区域面积达4095.2平方公里，岩溶地貌面积达 3863.33 平方公里，占全县面积的 94.34%。土壤有红壤、黄壤、石灰岩土、红色石灰土、紫色土、冲积土、水稻土等 7 个土类，其中石灰岩土分布最广，分布地域占全县总面积的 90% 以上。"九分石头一分土"，山上岩石多为石灰岩，丘陵坡地以红壤为主。在全县土地总面积中，山地（含石山、土山、丘陵）面积达 3731.72 平方公里，占全县总面积的 91.1%（石山占 86.6%，土山占 2.5%，丘陵占 2.0%）；土山、丘陵不多，且支离破碎，面积为 184.28 平方公里，占 4.5%；台地 44.26 平方公里，占 1.1%；平地 273.66 平方公里，只占 6.7%；另外，水域（河流）面积为 45.56 平方公里，占 1.1%。林、牧用地面积大，耕地面积少，难以开发的耕地资源多，难以利用的石山面积多，耕地后备资源匮乏。耕地中水田以潴育性水稻土面积最大，[①] 县内粮食生产只能自给，粮食作物主要有玉米、大豆和红薯。

表1-1　2017年都安县域内各类地形分布

地形类型	面积（平方公里）	占全县总面积（%）
面积合计	4095.2	100
中山（800米以上）	487.73	11.9
低山（500~800米）	2698.76	65.9
高丘（250~500米）	461.69	11.3
丘陵（200~250米）	83.54	2.0
台地（200米以下）	44.26	1.1
平地	273.66	6.7
其他	45.56	1.1

资料来源：《都安县志》、《都安县统计年鉴》以及《都安县政府工作报告》等内部资料。

---

① 潴育水稻土所处地形部位多为平原二级阶地的开阔平坦地带和一级阶地两河道之间的垄背平缓地带。

顺安村所在的大兴镇地处都安县北部、澄江上游，镇政府所在地离县城30公里，下辖13个村453个村民小组，有汉、壮、瑶、苗、仫佬、水等6个民族。全镇总面积为166.7平方公里，耕地面积19501亩，其中水田2676亩、旱地16825亩，人均耕地面积0.57亩。顺安村村域面积8平方公里，由50多个弄场组成，村内有多处岩溶，是典型的喀斯特地貌，四周山峰环绕，起伏连绵，四季温差不大。顺安村山地石灰岩丰富，80%以上的面积均覆盖着石头，耕地面积少，土地贫瘠，无水田，旱地中夹杂石块、石堆，几乎无连片1亩以上的土地，有的坟墓就在住房旁边，死人与活人仅隔一道墙和一抔土。全村总耕地面积1654亩，林地面积13616亩，山林产权归国家，农民有少量的林地，有部分的林业收入。耕地类型主要为山地，旱作农业，看天吃饭。2005年后全村青壮年劳动力外出务工人员增加，村内人地矛盾逐渐缓和，石漠化耕地逐步退耕还林，现长满灌木，山地生态系统得到很大改善。目前，退耕还林的土地已占全村承包到户时耕地面积的50%，加上建设兰海高速公路G72河都段征用的土地，顺安村仍在耕作的土地面积有700亩左右，人均耕种面积不到0.4亩，不少农户家庭已没有一寸耕地。顺安村农作物以玉米为主，没有连片林场，村民零星种植些林木，主要种植的建材木有椿木、牛尾木、任豆木和鲜黄木，还有各种竹木、桐果及桃李、龙眼、芭蕉等。村民历来重视畜牧业，户均养一头牛，人均养一头猪、一只羊。除此之外，农户还饲养鸡、鸭、鸽、兔等。2015年大牲畜户均0.21头，户均养猪和羊数量分别为0.43头和0.88头。全村小型手工业主要有榨油、造纸、打铁、木工、竹木编制等。

顺安村地处山区，村民小组明显多于平原地区的行政村，每个村民小组户数和人口少，有的就是一个山屯里的小型原始形态的"氏族社会"。27个村民小组中，总户数不超过10户的有5个：弄歪、巴卜、弄庙、弄另和下塘。这些村民小组所在地交通不便，人地矛盾突出，饮水困难，贫困发生率高。弄帮等16个村民小组，每组户数低于20户；而高于20户的只有古劳、百屯、下山、加进、加结和江板（见表1-2）。户数和人口最多的是江板小组，下街是顺安村的行政中心。在资源环境恶劣的弄歪小组，由于耕地少，没有粮食和饲料来源，没有1户养猪。

一个地区如果年人均粮食占有量能达到370公斤，也就是人均1天有1公斤粮，这个地区就能够基本满足人们的食品消费需要。如果按耕地面积算，人均最少需要0.8亩耕地才能保障粮食基本自给，联合国粮农组织因此确定了人均耕地面积0.8亩的粮食安全警戒线标准。在顺安村27个村民小组中，人均耕地面积低于0.8亩的有14个，占了全部村民小组的五成多，其中人均耕地面积最少的古劳只有0.13亩，人均耕地面积最多的福星也不过1.54亩。人口最少的弄歪，只有5户人家16口人；人口最多的江板，总人口146人共37户；顺安村各村民小组比平原地区的村民小组人口明显更少。人多地少的村情决定了其粮食生产以自给为主、劳动力外出就业的基本经济社会格局。在保护好生态环境的情况下，石漠化的山地可用来种植野葡萄及林下药材、绿肥等，也利于发展瑶鸡等林下经济。

表1-2　2015年顺安村人口、耕地和林地情况

序号	村民小组	户数（户）	人口（人）	耕地（亩）	林地（亩）	人均耕地（亩/人）	人均林地（亩/人）
1	巴卜	8	37	52	274	1.41	7.41
2	百欠	15	63	50	650	0.79	10.32
3	百屯	22	94	30	20	0.32	0.21
4	福星	14	40	62	80	1.54	2.00
5	福兴	14	62	61	80	0.99	1.29
6	古劳	21	79	10	210	0.13	2.66
7	加东	18	74	71	0	0.96	0.00
8	加翻	18	63	55	780	0.87	12.38
9	加结	27	131	100	0	0.76	0.00
10	加进	26	87	70	0	0.80	0.00
11	江板	37	146	50	30	0.34	0.21
12	弄帮	11	45	35	460	0.78	10.22
13	弄吊	19	75	71	355	0.95	4.73
14	弄风	12	68	38	530	0.56	7.79
15	弄蕉	13	65	65	0	1.00	0.00
16	弄另	9	32	30	980	0.94	30.63
17	弄龙	20	79	60	660	0.76	8.35
18	弄庙	8	34	40	340	1.18	10.00
19	弄歪	5	16	15	500	0.94	31.25
20	弄王	16	58	23	460	0.40	7.93
21	上街	13	52	30	305	0.58	5.87
22	上岭	15	67	61	55	0.91	0.82
23	上塘	16	57	15	520	0.26	9.12
24	下刁	17	64	80	532	1.25	8.32
25	下街	15	57	20	338	0.35	5.94

续表

序号	村民小组	户数（户）	人口（人）	耕地（亩）	林地（亩）	人均耕地（亩/人）	人均林地（亩/人）
26	下山	25	101	30	0	0.30	0.00
27	下塘	10	32	14	380	0.44	11.88
合计	—	444	1778	1238	8539	0.70	4.80

资料来源：精准扶贫精准脱贫百村调研 - 顺安村调研。

说明：本书统计图表，除特殊标注外，均来自顺安村调研。

三 生物和矿石资源

都安县山林广袤，主要有松、杉、桉、木棉、枫、喜树等用材林，珍贵树种有金丝李、蚬木、擎天树、高山柏等。另有种类繁多的经济林树种、果类植物、药用植物和造纸原料植物。野生动物种类繁多，包括众多兽类、爬行类、两栖类、鸟类和鱼类。其中，果子狸、蛤蚧、麝、穿山甲以及蛇类均属珍贵的野生动物。

此外，都安县矿产资源比较丰富，拥有煤、石灰石、大理石、锰矿和褐铁矿等。其中，煤、石灰石是都安的优势矿产，已形成一定的开采规模。煤炭年产量约5万吨，锰矿年产量2000吨。

第二节 顺安村的经济基础

都安县成立时全县公路通车里程仅70公里，至2016年，全县拥有公路里程1726.3公里，其中高速公路82.2公里，等级公路里程1677公里，二级以上公路229公里，等级公路网络密度达每百平方公里38.1公里。兰海高速、国道210线、忻（城）大（化）二级路、在建的贵（阳）南（宁）高铁和贺（州）巴（马）高速横穿过境；贵阳至南宁高速铁路正式规划启动，贵阳至南宁客运专线在都安县设有站。已经实现通航的红水河都安港建成后，从都安港起航的千吨级船舶，沿着西江黄金水道可以到达广州出海口。顺安村距都安县城40公里，距大兴镇10公里，距最近的车站码头10公里。顺安村自古以来交通不便，村弄里山路崎岖，村民运输主要是靠羊肠小道、肩挑背扛。幸运的是，2015年以来全县19个乡镇实现乡乡通油路、村村通水泥路；全县消灭了不通电村，农民饮水安全、居住环境、生活质量明显改善。

一　交通等基施设施

（一）交通条件

经过十多年的建设，顺安村于2015年9月修通了到大兴镇的水泥硬化路，摆脱了步行之难，村民出行始有改善。2016年，村内有13个村民小组修通了水泥路，14个村民小组需走羊肠小道翻山越岭才能到达村部。加东、弄蕉、巴卜、弄帮、加翻等村民小组还不通路，交通极为不便。有些村屯里的村民，在山弄里一年也不外出几次，过的是与世隔绝的封闭式田园生活。

表1-3 2016年顺安村不通路的村民小组情况

村民小组	涉及人口状况				需建设公路情况		备注
	10户以上农户		20户以上农户		起止名称	里程（公里）	
	户数（户）	人数（人）	户数（户）	人数（人）			
加东	18	74	—	—	山口至加东、小弄吊、弄石	3	3条支路
弄蕉	13	65	—	—	路口至弄蕉内、美浪、弄蕉外	2	3条支路
巴卜	12	53	—	—	古劳至巴卜	1.5	1条支路
弄帮	16	61	—	—	下塘至弄帮、弄歪	2.1	2条支路
加翻	—	—	27	130	古桃路口至加翻、巴马内、弄名	3	3条支路

2017年大兴镇的交通较便利，河池市水任村至南宁的高等级公路贯穿境内17.5公里，全镇各村均已通村级公路。兰（州）海（口）高速公路河都段穿顺安村而过，从南宁市沿着兰海高速一路向北，1个小时45分钟到永安乡出口，再到顺安村只需15分钟的车程。顺安村四级公路东与安仁村弄水屯的柏油路相交，向西延伸到大兴街与高等级国道连接。

（二）饮用水

村民饮用水主要依靠建水窖或水柜收集雨水及山泉水，未达到安全饮水标准，饮水安全堪忧，遇到干旱年份，饮水困难。村内上塘、弄劳、上街、下街、弄吊、下刁、加进、下山、上岭、江板等村民小组的村民依赖村内一所希望小学的供水池供自来水。受地形特征、区域水文地质等自然条件限制，原用的供水系统供水保证率低，水压、流量无法满足村民日常生活需要，学校为保障用水，时常关闭农户闸门，该自来水系统供水已不能满足村民的生产生活需水量。在顺安村百欠村民小组山上建有一座蓄水池，但建成后未蓄水、供水，没有发挥工程的供水功能。

（三）供电和网络

顺安村除弄另未通电外，其他村民小组已全部通电。弄另的路未修通，架线通电成本太高，近年组内常住农户只有4家，所以一直未能通电。2017年10月，该组通电工程已施工，按计划2017年12月底完工，到时全村村民都能用上电。但是，顺安村村民家庭电器增多后，负荷越来越大，现有供电系统容量已不能满足村民日常用电需求，弄吊、弄王两个片区的变压器容量明显不足。目前，顺安村小学等已通有线网络，主网络已经覆盖地势比较平坦的片区，但是使用率不高。村域内4G网络全覆盖，不管是10岁以上的小学生、追逐时尚的青年，还是老人，基本都用上了智能手机。

（四）住房

居住在顺安村村部周边地势较为平坦地区的农户90%已建砖混结构住房，涵盖16个村民小组291户1205人，但半数农户建房资金主要来自修建都安至河池高速公路的征地补偿款，大多房屋只是修建了框架，基本没有装修，房内家具简陋，有些甚至连门窗都没有。另外，11个山弄里的村民小组几乎全部是危房，有些房屋遇到大风大雨有随时倒塌的危险。随着脱贫攻坚工作的深入开展，易地安置成为顺安村的一项核心工作，在交通不便、修路成本高的村民小组片区，规划移民搬迁84户344人，至2017年4月，在第一书记、村两委班子和贫困户帮扶干部的动员下，已有82户333人同意搬迁到乡镇或县城，其中45户193人已于2017年11月完成安置工作，住上稳固的住房，其余移民搬迁户也于2017年12月底完成搬迁入住。

二 经济发展概况

顺安村作为都安县城外40公里的贫困山村，其经济发展受都安县总体经济发展水平的影响。都安县是国家级贫困县，工业发展落后，城乡居民收入水平低于全国平均水平。2015年，都安县地区生产总值40.35亿元，人均地区生产总值7591元，而全国人均国民生产总值为5.03万元，是都安县的6.6倍。从产业结构看，2015年都安县农业增加值22.35亿元，工业增加值9.93亿元，第三产业增加值8.07亿元。农业增加值占地区生产总值的55.4%，而2015年全国农业增加值只占国民生产总值的8.6%。全县农村居民人均可支配收入5496元，城镇居民人均可支配收入19385元，财政收入4.07亿元，各项经济指标都远低于全国平均水平。

受地形和资源条件限制，顺安村经济落后，很多村民的先辈是因为战乱、逃荒流落到山弄里，贫困是村民生活的常态。新中国成立前的顺安村能保证温饱的农户不到

5%，有饭吃、能穿上机制布的只有少数地主人家。大多数农户每年缺粮3个月以上，荒月时以山上野菜、土山薯、棕榈木心充饥，部分人居住在山洞里。新中国成立后到改革开放前，贫困潦倒的生活状态并无多大改变。自20世纪80年代初，村民顺应改革开放的大潮外出务工，温饱问题才逐步得到解决。2015年顺安村人均可支配收入2411元，贫困发生率41.23%，属于重点贫困村（见表1-4）。2016年全村建档立卡贫困户179户，建档立卡贫困人口732人，低保户98户，低保人口408人，五保户19户，五保人口22人。村集体资产仅有一栋两层办公楼、一个文体中心和一个篮球场，其中文体中心和篮球场位于偏僻角落，暂无利用价值，办公楼作为村委日常办公地点使用。一直以来，在无其他资产的情况下，顺安村集体经济收入为零，是一个典型的"空壳村"。

表1-4　2015年顺安村贫困户人口数量及分布

序号	村民小组	户数（户）	家庭人口（人）	贫困户（户）	贫困人口（人）	贫困发生率（%）
1	巴卜	8	37	5	23	62.16
2	百欠	15	63	11	43	68.25
3	百屯	22	94	9	44	46.81
4	福星	14	40	6	19	47.50
5	福兴	14	62	6	25	40.32
6	古劳	21	79	6	14	17.72
7	加东	18	74	15	62	83.78
8	加翻	18	63	11	45	71.43
9	加结	27	131	6	32	24.43
10	加进	26	87	6	16	18.39
11	江板	37	146	8	32	21.92
12	弄帮	11	45	8	38	84.44
13	弄吊	19	75	7	22	29.33

续表

序号	村民小组	户数（户）	家庭人口（人）	贫困户（户）	贫困人口（人）	贫困发生率（％）
14	弄风	12	68	9	49	72.06
15	弄蕉	13	65	8	43	66.15
16	弄另	9	32	5	23	71.88
17	弄龙	20	79	12	44	55.70
18	弄庙	8	34	0	0	0.00
19	弄歪	5	16	5	15	93.75
20	弄王	16	58	6	28	48.28
21	上街	13	52	6	27	51.92
22	上岭	15	67	2	7	10.45
23	上塘	16	57	3	7	12.28
24	下刁	17	64	6	22	34.38
25	下街	15	57	3	8	14.04
26	下山	25	101	8	34	33.66
27	下塘	10	32	2	11	34.38
合计	—	444	1778	179	733	41.23

村民以玉米为主粮，辅以薯类、豆类、小米、高粱等。玉米的食用方式多是磨成粉筛糠去杂后煮成玉米糊，冬天则吃玉米干饭，日常蔬菜多因时令而变，有青菜、瓜苗、瓜叶、京白菜（大白菜）、小白菜、油菜、芥菜、生菜、芹菜、菠菜、芥蓝、萝卜、苦麻菜，甚至豆叶、红薯叶、南瓜苗、南瓜花、豌豆苗也可以为菜，食用方法以水煮最为常见。村民也有腌菜的习惯，常有酸菜、酸笋、咸萝卜等品种。壮族成年男子大多喜爱喝酒，以自酿的玉米酒、红薯酒为主，平时家宴或宾客临门，或红白喜事，或节日庆典，多以自产米酒佐餐。

顺安村的村屯绿化以自然生长的植被为主，房前屋后有少量果树。顺安村山地经过十多年的恢复，除部分石漠化严重区域外，目前全村自然生态环境较好。顺安村民认为不能发展大规模以放牧为主的山羊养殖业，虽然生态放养的山羊有较好的经济效益，但会破坏脆弱的石山生态环境。顺安村的主要燃料是柴草。当家里产生的垃圾可焚烧时，村民在自家炉灶内焚烧；有机可降解的垃圾在自家粪坑内发酵后转为有机肥；部分农作物秸秆作饲料，部分可回收的作加工原料出售。

村内没有集中的文化活动场所，村民文化生活内容简单。在春节，大兴镇镇政府会组织迎新春群众文化体育系列活动，要求各村党支部、村委员，各中小学，镇直属单位、组织参加。顺安村党支部、村委会也会组织群众编排少量文艺节目，丰富群众文化生活；有时也会组织篮球、排球和拔河比赛。

第三节　人口特征和文化习俗

顺安村人口以壮族为主，少量瑶族，有黄、石、梁、韦等15个姓氏，人地矛盾突出，人口外迁成为常态。2015年顺安村有27个村民小组444户1778人。村部附近有16个村民小组317户1274人（含山里自主移民到中心村的12户57人）居住较为集中，另外，11个村民小组142户581人（包含已自主移民的37户160人）

居住在土地贫瘠的深山中，分散在被认为不适合人类生存的地方。

一 人口特征

（一）人口规模和分布

村域人口规模变化受自然增长与机械增长的影响，两者之和即人口的净增加值。自然增长指人口再生产的变化量，即出生人数与死亡人数的净差值。机械增长指由于人口迁移所形成的变化量，即一定时期内，迁入村内的人口与迁出村内人口的净差值。根据顺安村资料，从自然增长来看，近年来顺安村人口出生率为1.5‰，人口死亡率为0.8‰，每年人口净增加30人。从机械增长来看，顺安村2016年外来人口只有10人。在全村劳动力人口（1084人）中，外出半年以上的劳动力达570人，外出半年以内的劳动力200人，其中举家外出100户400人，到省外劳动力79人，到省内县外的劳动力174人，定期回家务农的外出劳动力40人。由于大量人口外出务工、经商，全村常住人口为800人左右，不到总人口的一半。虽然顺安村是壮族村落，计划生育政策实施的严格程度低于汉族区域，但顺安村的人口生育率并不高，村里习俗与汉族并无太大差异。

（二）文化程度

都安县人高度重视教育，当地有"培养一个大学生，等于造了两亩耕地"的观念。① 全县教育工作连续多年获广西、全国先进荣誉，高考升学率居广西同类学校前列。顺安村村民也非常重视教育，义务教育阶段几乎没有学生失学。顺安村小学还为山里交通不便的孩子提供住宿。2017年高中阶段的入学率达到80%，每年村里都有十几名大专以上的学生进入城镇。但从村里常住人口和外出务工人口看，村民的文化水平还很低，2015年全村初中及以下文化程度的人口约占全村总人口的80%（见表1-5）。低文化水平的村民不利于村经济社会发展，也不利于扶贫脱贫工作的开展。

表1-5　2015年以扶贫脱贫为目的统计的顺安村人口数及文化程度

单位：人，%

文化程度	（半）文盲	小学	初中	高中	中专	大专	大学及以上	合计
人口数	191	642	563	201	74	64	43	1778
比例	10.7	36.1	31.7	11.3	4.2	3.6	2.4	100

扶贫系统统计顺安村家庭人口时，高中及以上文化程度人数明显高于统计部门提供的人数，这是非常值得关注的现象。扶贫系统与统计部门对农村家庭人口的统计口径有很大不同：扶贫系统在统计家庭人口时，如果农户家有人在城镇工作、文化程度在中专以上而没有独立成家的，认为其属于农村家庭人口，计入扶贫统计的家庭总人口；对于在城市里结婚独立成家，具有中专以上文化程度的，

---

① 为了让更多有机会上大学的农村家庭享受教育补助政策，都安县在建档立卡贫困户识别时，对有高中以上学生的家庭赋予了很高的贫困户评分权重。

不计入扶贫统计的家庭人口；家庭中如有在城镇务工、经商人员，即使不是村里常住人口，也统计为以扶贫为目的的家庭人口；女性出嫁以后，不管户口是否转走，都不统计为以扶贫为目的的家庭人口。

（三）年龄和性别构成

对于某地区进入老龄化社会，联合国的原有标准是60岁以上老人达到总人口的10%，新标准是65岁以上老人占总人口的7%。顺安村传统的几代同堂的家庭结构已少见，多老少分住，呈现以核心家庭为主的小型化趋势。从年龄结构看，顺安村人口呈现老龄化特征。如果将大量外出务工的非常住人口排除在外，农村人口老龄化现象非常严重（见表1-6）。目前农村养老金发放水平低，老年人主要靠家庭养老，由于大量青壮年外出务工，老年人的劳动负担加大，不少七八十岁的老年人还需以劳动谋生。空巢老人和留守儿童[1]普遍存在，2015年顺安村有空巢老人66人，留守儿童22人。全村有残疾人口91人，五保人口[2]22人，低保人口[3]295人。

---

[1] 空巢老人是指没有子女照顾、单居或夫妻双居的老人，分为三种情况：一种是无儿无女无老伴的孤寡老人，另一种是有子女但与其分开住的老人，还有一种就是儿女远在外地，不得已寂守空巢的老人。留守儿童是指不在父母身边生活的儿童。
[2] 老年、残疾或者未满16周岁的村民，无劳动能力、无生活来源，又无法定赡养、抚养、扶养义务人，或者其法定赡养、抚养、扶养义务人无赡养、抚养、扶养能力的，享受农村五保供养待遇。
[3] 农村最低生活保障对象是家庭年人均纯收入低于当地最低生活保障标准的农村居民，主要是因病残、年老体弱、丧失劳动能力以及生存条件恶劣等生活常年困难的农村居民。

表1-6 2015年顺安村人口年龄分布

单位：人，%

年龄段	16岁以下	16~39岁	40~49岁	50~59岁	60~69岁	70~79岁	80~89岁	90~99岁	合计
人数	386	631	271	203	101	114	54	18	1778
百分比	21.7	35.5	15.2	11.4	5.7	6.4	3.0	1.0	100.0

从顺安村男女比例看，男女性别比为110.7∶100（见表1-7），与全国农村男女性别比相当，男女比例略有失衡。但是，各村组分散，受交通条件、经济收入限制，弄歪、加进、弄吊、福兴等村民小组，男女比例失衡极为严重。全村"光棍"多达40多人，个别村民小组还具有原始部落特征，个别贫困户还可能存在"一妻多夫"现象。正如驻村第一书记所说，顺安村有"四多"：山里光棍多，老婆跑了的多，读书的人多，当老师的人多。顺安村的"四多"相互之间是有关联的，只有通过努力读书离开顺安村才能使他们摆脱在婚姻市场上的不利地位，否则就很有可能落入"光棍"境况（参见附录一）。

表1-7 2015年顺安村男女比例

单位：人，%

序号	村民小组	男性	女性	男女性别比
1	巴卜	15	22	68.2
2	百欠	34	29	117.2
3	百屯	47	47	100.0
4	福星	21	19	110.5
5	福兴	35	27	129.6
6	古劳	42	37	113.5
7	加东	39	35	111.4
8	加翻	35	28	125.0
9	加结	64	67	95.5
10	加进	50	37	135.1

续表

序号	村民小组	男性	女性	男女性别比
11	江板	73	73	100.0
12	弄帮	24	21	114.3
13	弄吊	43	32	134.4
14	弄凤	34	34	100.0
15	弄蕉	31	34	91.2
16	弄另	17	15	113.3
17	弄龙	42	37	113.5
18	弄庙	18	16	112.5
19	弄歪	11	5	220.0
20	弄王	35	23	152.2
21	上街	31	21	147.6
22	上岭	37	30	123.3
23	上塘	31	26	119.2
24	下刁	34	30	113.3
25	下街	23	34	67.6
26	下山	55	46	119.6
27	下塘	13	19	68.4
合计	—	934	844	110.7

二 文化习俗

早在两万多年前的更新世晚期，"九楞山人""干淹人"等先民就在都安这块古老而神奇的土地上劳动、生息、繁衍。据史载，唐虞时代，都安属荆州南缴之地；商、周时代属百越之地；秦属桂林郡地。唐朝，安定地域属邕州都督府羁縻[①]思恩州和贺水县地，都阳地域属邕州

[①] 羁縻州指中国古代朝廷在边远少数民族地区所置之州。以情况特殊，因其俗以为治，有别于一般州县。相当于现在的自治区。"羁縻政策"源自唐宋，元朝完善成土司制度，明朝时期达到鼎盛、中后期开始崩溃，至清朝基本改土归流完毕。

都督府田州地，永顺地域属桂州都督府羁縻昆州地；宋淳化年间设置富安监；明嘉靖七年（1528），设置安定、都阳两土巡检司；民国5年（1916）4月成立都安县；1949年12月5日都安解放。1955年的一天，在北京中南海丰泽园的书房里，毛泽东主席逐字逐句地阅读一份报告，这是他的警卫员蓝保华在家乡都安县菁盛乡开展社会调查后提交的。毛泽东看完后，在上面做了"近东兰""要求成立自治县"的批示。1955年12月，经国务院批准，成立都安瑶族自治县，实行民族区域自治。都安县是全国县域面积最大的瑶族自治县，也是全国119个少数民族自治县中人口最多的。

20世纪80年代后，随着生产发展和社会进步，各民族的生活习俗开始变化，除旧时穿戴、语言、节庆有所区别外，各民族的居住习俗、交往礼仪、饮食习惯、服饰等逐步同化，一些传统民俗在民间逐渐弱化或消失。壮族与汉族来往较早，受汉族文化影响较大，顺安村大部分壮族文化习俗已汉化。都安各族人民上山打柴割草，下田耕耘放牧，喜欢随时歌唱。家庭成员之间尊老爱幼，互相体贴；亲朋交往，以礼为先，情义至上；接待客人，热情洋溢，彬彬有礼；路人相见，不分熟陌，概能礼尚往来。壮族人民大多聚族而居，一族一村一寨，少则十几户，多的几十户甚至上百户。其住房分全楼式干栏、半楼式干栏及地居式建筑三种：全楼式干栏多见于山地民房，主要构件为木料，分下层、中层、阁楼三部分，下层用作牛栏羊圈猪舍，中层住人，一般为三开间，中间为厅堂，两侧为卧室或客房；半楼式干栏为石山地区建筑式样，与全楼式干栏不同点为后半部砌成平台；地居式建筑多见于平地，其结构分砖瓦顶、泥瓦顶两种，也有木料骨架，一般为三开式，厨房、猪舍建于后，用天井隔开。

都安县地处山区，极富革命传统。1927年11月，韦仕林加入中国共产党，成为县内第一个共产党员。民国18年（1929），邓小平、张云逸领导百色起义，随后的1930年，都安县在都阳成立了苏维埃红色政权。随着红军主力北上，广西大部在桂系军阀李宗仁的势力范围之下。直到1949年12月5日，解放军攻克都安县城，都安才得解放。新中国成立后，都安县境内一度匪患猖獗，1950年大兴镇内原国民党县长王云组织反动武装，占山为匪，后经多次剿匪，才得平安。① 据《都安县志》记载，都安县共有654名烈士。

都安境内流行过不少反映当地民生维艰的民歌，是一个世纪以来都安村民贫困生活的历史见证。现摘录几首，从侧面体现出党领导下的扶贫攻坚和全面建设小康社会的重大意义。贫困治理的目标就是要打破历史周期律，让中国人民真正实现国富民强、永世太平的伟大梦想。

迫使穷人去逃荒

冬天茅草当棉被，夏日艾草作蚊帐；
山洞流水难睡觉，迫使穷人去逃荒。

---

① 在农户调查中，曾访谈过一些在1940年以前出生的老人，他们绘声绘色地描述当年解放军剿匪的故事，有一处民房墙上还有当年留下的子弹痕迹，2017年后已作为红色文化保护起来。

半饥半饿渡难关

一年四季八餐饭,从生到死尽饥寒;

野菜三分糠二分,半饥半饿渡难关。

苦难歌

我们种田人,受苦受难多;

太阳热似火,埋头去做活;

当牛又当马,身上无衣着;

喝稀粥,吃野菜,日子难得过;

为什么这样苦?受豪绅剥削;

要自由解放,跟着韦拔哥。

幸福万年长

瑶家住深山,心朝红太阳。

跟着毛主席,跟着共产党。

永远干革命,幸福万年长。

第二章

贫困治理的基础——精准识别

贫困治理的前提是需要在理论上界定清什么是贫困，即贫困的标准是什么，以此作为贫困识别的尺度，将贫困人群从总体中分割出来，并根据贫困原因分类施策，助力贫困人群早日脱贫。在发达国家，贫困更多的是一种相对概念，反映福利被相对剥夺的一种生活状态；而在发展中国家，贫困更多的是一种绝对概念，反映生活在贫困线以下人群的数量和生活水平，通常用货币化了的人均收入或消费水平来定义。中国作为全球最大的发展中国家，也是全球扶贫脱贫事业最为成功的国家，对世界减贫事业做出了重大贡献。党的十八大以来，在全国范围内开展了世界上资源动员力量最强的精准扶贫、精准脱贫活动。《中国农村扶贫开发纲要（2011—2020年）》、《中共中央 国务院关于打赢脱贫攻坚战的决定》以及《"十三五"脱贫攻坚规划》等一系列扶贫攻坚的顶层设计为全国脱贫工作提供了指南。应看到，中国地域辽阔、国情复杂，各地区如何用绣花针的功夫精准识别贫困户，找到"贫根"，对症下药，靶向治疗，还需要一个从理论中来到实践中去的反复论证过程。

第一节　贫困识别的理论讨论

在区域层面测量贫困是直接的，在国家层面测量贫困是困难但也可控的，要在全球层面测量贫困是极其艰难的，以至于一些人认为根本不值得去做，诺贝尔经济学奖得主 Deaton[1] 如是说。可见，虽然贫困是一个常用词，但要用数量指标精确刻画贫困并不是一件容易的事。

一　贫困标准

（一）贫困的概念[2]

贫困有广义与狭义之分。学者常引用世界银行发布的

---

[1] Angus Deaton, "Measuring Poverty," In *Understanding Poverty*, ed. Abhikit Vinayak Banerjee, Roland Benabou and Dilip Mookherjee (New York: Oxford University Press, 2006), p.12.

[2] 青连斌:《贫困的概念与类型》,《学习时报》2006年6月5日。

《世界发展报告》中的贫困定义，认为贫困除了物质上的匮乏、低水平的教育和健康外，还包括风险和面临风险时的脆弱性，以及不能满足自身需求和缺乏社会影响力，这是广义多维度的贫困概念。狭义上的贫困是指在一定的科学技术水平下，社会成员最基本的生存需要不能得到满足，生命延续受到威胁，从满足人的生理需要的意义上看，缺乏维持生理需要的最低生活标准就是贫困。产生贫困的原因是多层面的，可能是资源匮乏使其生活水平低于社会可以接受的最低标准，也可能是因为缺乏手段、能力和机会。在人类社会进入工业社会以前，由于科学技术限制，生产效率低下，社会呈现普遍性的绝对贫困状态。随着科学技术的进步，人类利用自然资源的能力增强，自然环境对人类的约束减弱，人的流动性增强；伴随工业化、城镇化和现代化进程加快，社会中贫富分化扩大，贫困呈现区域性、阶层性和群体性特征。资源在不同区域、不同阶层和不同群体之间分布不均，从社会总体看，食物、住房等基本生活物品供给完全能满足全体社会成员的需要，但分配不均、不公造成一部分人处于贫困状态。区域性贫困是自然条件恶劣和社会发展水平低下所致的一种贫困现象。我国农村贫困人口分布就具有明显的区域性，集中分布在若干自然条件恶劣的地区。阶层性贫困指某些个人、家庭或社会群体由于身体素质比较差、文化程度比较低、家庭劳动力少、缺乏生产资料和社会关系等原因而导致的贫困。按马克思主义的基本观点，阶级社会中的阶级压迫和剥削是被统治阶级贫困的主要原因。

贫困既有物质上的,也有精神上的。既有绝对贫困,也有相对贫困。绝对贫困又叫生存贫困,指缺乏维持生存的最低需求品,不能维持最基本的生存状态。相对贫困也叫相对低收入型贫困,是指虽然解决了温饱问题,但不同社会成员和不同地区之间,可能存在明显的收入差异,低收入的个人、家庭、地区相对于全社会而言,处于贫困状态。在大多数工业化国家,都存在绝对贫困人群,但相对来说是很少的一部分人口。大多数研究人员使用相对贫困概念,用以表示低于收入分配中一定值的人口比例。比如,在加拿大,最低收入界点设定为家庭平均收入的63%。在国际比较中,由于不同国家对于贫困的定义不同,常常用一天人均消费1美元或2美元作为绝对贫困标准,并用平价购买力指数计算方法(Purchasing Power Parity,PPP)进行修正。消除绝对贫困,需要提高贫困人口的收入和消费水平,而相对贫困是人类社会发展的常态,难以根本去除,只能通过制度建设,创造一个相对公平、公正的社会环境,缩小收入分配差异来解决。

(二)贫困线和贫困指数

贫困线是在一定时空和社会发展阶段下,人们维持基本生存所需的物品和服务的最低支出量。贫困线又称贫困标准,主要有4种界定方法:①由经济合作与发展组织提出的收入比例法,以一个国家或地区居民收入或平均收入的50%~60%,作为该国家或地区的贫困线,即最低生活保障线;②恩格尔系数法,以一个家庭用于食品消费的绝对支出,除以已知的恩格尔系数,求出所需的消费支出,也就是贫困线,这种方法源自恩格尔定律,国际粮农组织认为,恩格尔系数在60%以上,即属于贫困;③"市场菜篮法",1901年由英国朗特里(Rowntree)在约克郡研究贫困问题时提出,基本思路是先计算维持基本生理功能所需要的营养量,然后将这些营养量转换为食物及数量,并根据市价算出相应的金额,即为贫困线;④生活形态法,1960年由英国的汤森提出,这种方法首先从人们的生活方式、消费行为等生活形态入手,提出一系列有关家庭生活形态的问题,然后选择若干剥夺指标,根据这些剥夺指标和被调查者的实际生活状况,分析他们被剥夺的需求和消费以及收入,进而计算出贫困线。

与贫困线相关的是贫困指数,指处于贫困线以下的人口占总人口的比例,是反映和衡量社会公平程度的一项指标。多维贫困发生率能反映多维贫困发生的强度,同时还能反映个人或家庭的被剥夺量。最简单的贫困指数就是贫困发生率,可对贫困程度进行粗略估计。此外,经济学家还用如森指数、收入缺口比率、FGT指数等来表征社会的相对贫困和剥夺程度。①

---

① 能力的贫困具有实践意义。在农村扶贫过程中,很多大学生家庭被识别为贫困户,但大学生毕业后,有的贷款买房,有很高的负债,这些家庭理应不纳入扶贫范围。大学毕业生虽然暂时缺少资金,但人力资本高,终身收入水平高。正如很多经商失败的人,家庭负债高,但很少有人会把经商失败的人作为贫困人口。这些人的高负债,需要用有别于贫困意义上的其他政策来解决。

二 中国的扶贫标准

（一）中国扶贫标准的变化

中国作为最大的发展中国家，近代以来全民饱受饥饿、贫困的困扰。新中国成立特别是改革开放后，中国开启了人类历史上最伟大的扶贫脱贫工程。1986年以来曾有三个不同的贫困标准，即1984年的生存标准、2000年的基本温饱标准和2010年的现行标准。1984年的贫困标准很低，年人均消费支出低于200元即为贫困。消费支出中食物支出约占85%，只能保证贫困人口每人每天2100大卡热量的食物需要，肉蛋消费水平很低。《中国农村扶贫开发纲要（2011—2020年）》提出"到2020年稳定实现扶贫对象不愁吃、不愁穿，保障其义务教育、基本医疗和住房（简称'两不愁、三保障'）"，按这个目标要求，我国制定了现行农村贫困标准，即"2010年价格水平每人每年2300元"，国家统计局每年根据农村低收入居民生活消费价格指数，对此标准进行更新。2014年，现行农村贫困标准为当年价每人每年2800元，虽然现行农村贫困标准在不同年份的数值不同，但代表的生活水平差不多。国家统计局根据对全国16万住户收支情况的直接调查结果测算，在有基本住房的情况下，我国现行农村贫困标准可满足健康生存需要的食物消费，以及同等重要的非食物消费需求。就是说，一个生活在农村、人均消费支出在贫困标准线以上的住户，其实际食品支出可以支持每人每天0.5公斤米面、0.5公斤蔬菜、50克肉蛋等食品消费，这可保障满足健康生存即每人每天2100大卡热量和60克左右蛋白质的基本需要；同时还可支持基本的衣着、生活用品、水电、交通通信、教育、医疗等非食物消费支出。这个农村贫困标准，在没有严重、意外灾害和伤病的情况下，能稳定保障贫困人口最基本的温饱水平。[1]

表2-1 按现行农村贫困标准衡量的农村贫困状况

单位：%，万人

年份	贫困发生率	贫困人口规模
1978	97.5	77039
1980	96.2	76542
1985	78.3	66101
1990	73.5	65849
1995	60.5	55463
2000	49.8	46224
2005	30.2	28662
2010	17.2	16567
2014	7.2	7017

资料来源：参见张爱民《脱贫步伐加快，扶贫成效显著，我国贫困人口大幅减少》，《中国信息报》2015年10月16日。

（二）中国现行扶贫标准在国际贫困标准谱系中的位置

由于各国（地区）经济发展水平不同，发达国家（地区）与发展中国家（地区）的贫困标准差异较大。中国台湾贫困标准为收入低于中位数的50%或60%；日本以低于中等家庭收入的50%，即一个四口之家年收入低于2.2万美元为贫困标准；美国是用基本食品消费支出来计算；英国以低

---

[1] 张为民：《脱贫步伐加快，扶贫成效显著，我国贫困人口大幅减少》，《中国信息报》2015年10月16日。

于全国家庭平均可支配收入的60%为标准,并监测家庭平均可支配收入处于全国50%和60%水平的家庭收支状况；欧盟成员国大多以家庭平均可支配收入占全国平均家庭可支配收入低于50%为标准；1985年世界银行的贫困标准主要是以印度尼西亚、孟加拉国等贫穷国家每天人均消费低于1美元的水平,并以购买力平价标准调整得出的。2008年又以2005年的购买力平价标准为参照,将每天1美元标准调整为1.25美元。2015年,贫困线调整为每天1.9美元,并以2011年购买力平价标准为参照调整为3.1美元的更高贫困标准。在有数据的83个国家中,有46个国家的贫困标准高于1天3.1美元,14个国家低于1天1.9美元,23个国家介于之间。利用国家统计局的住户调查统计资料,可以对中国国家贫困标准与世界银行确定的贫困标准进行比较。初步测算,2010年确定的年均可支配收入2300元的绝对贫困标准相当于每天人均消费2.3美元的水平,略高于世界银行人均每天消费1.9美元的国际贫困标准。如果用世界银行标准,2012年中国贫困发生率为6.5%,贫困人口8734万人,而用中国2010年的贫困标准,2012年中国农村有近1亿贫困人口,贫困发生率达到10.2%。

（三）2014年中国贫困人口数和建档立卡工作

要理解当下各地开展的贫困人口识别工作,需要回顾中国扶贫事业的全部历程。2014年4月2日《国务院扶贫办关于印发〈扶贫开发建档立卡工作方案〉的通知》（国开办发〔2014〕24号）详细规定了全国各省级区域贫困人口数量估计办法以及对贫困户识别和建档立卡的要求。这份文件对2014年全国贫困人口规模、各省份贫困人口数量以及自上而下按一定计算方法将各省份的贫困人口数分配到市、县、乡镇的过程进行了翔实说明，要求2014年底前，在全国范围内建立贫困户、贫困村、贫困县和连片特困地区电子信息档案，并向贫困户发放《扶贫手册》，以此为基础，构建全国扶贫信息网络系统。

贫困人口规模分解采用自上而下、逐级分解的办法，到市、县的贫困人口规模分解可依据国家统计局调查总队提供的乡村人口数和低收入人口发生率计算；到乡、村的贫困人口规模数由于缺少人均纯收入等数据支撑，可依据本地实际抽取易获取的相关贫困影响因子计算本地拟定贫困发生率，结合本地农村居民年末户籍人口数算出。贫困村识别原则上按照"一高一低一无"的标准进行，即行政村贫困发生率比全省贫困发生率高一倍以上，行政村2013年全村农民人均纯收入低于全省平均水平60%，行政村无集体经济收入。以2013年农民人均纯收入2736元（相当于2010年2300元不变价）为贫困识别标准，国家统计局发布的2013年底全国农村贫困人口规模8249万人为基数（2013年各省份贫困人口数量及贫困发生率见表2-2），采取规模控制，各省份将贫困人口识别规模逐级分解到行政村。按照国家统一方法，首先计算出生活在贫困标准之下的人口比例，即贫困发生率，用各省份贫困发生率乘以相应的乡村户籍人口，得到分省贫困人口规模，各省贫困人口规模加总即得到全国贫困人口规模。全国贫困人口数是由各省贫困数加总而得，但市、县、乡镇、村是通过省级数据层层分解的结果。影响省级贫困村和贫困人口数的因素主要有农村住户收入水平、农村户籍人口。在乡、村贫困人口建档立卡时，国家实际上赋予了地方政府一定的自主权，省市扶贫工作根据各地经济发展情况、资金分配状况以及乡镇村实际情况识别贫困村和贫困人口数。

表2-2 2013年各省份贫困人口数量及贫困发生率

单位：万人，%

省份	贫困人口数量	贫困发生率
全国	8249	8.5
河北	366	6.5
山西	299	12.4
内蒙古	114	8.5
辽宁	126	5.4
吉林	89	5.9
黑龙江	111	5.9
江苏	95	2.0
浙江	72	1.9
安徽	440	8.2
福建	73	2.6
江西	328	9.2
山东	264	3.7
河南	639	7.9
湖北	323	8.0
湖南	640	11.2
广东	115	1.7
广西	634	14.9
海南	60	10.3
重庆	139	6.0
四川	602	8.6

续表

省份	贫困人口数量	贫困发生率
贵州	745	21.3
云南	661	17.8
西藏	72	28.8
陕西	410	15.1
甘肃	496	23.8
青海	63	16.4
宁夏	51	12.5
新疆	222	19.8

资料来源：国开办发〔2014〕24号文件。

三 精准识别的精准难题

各地在贫困户识别建档立卡时，评价的指标以农户收入为基本依据，综合考虑住房、教育、健康等情况，通过农户申请、民主评议、公示公告和逐级审核的方式，整户识别。但是，国家在2014年公布的各省区的贫困人口数只由收入一个指标确定，扶贫部门识别贫困人数的标准与国家统计部门公布的贫困人口标准不同，所指向的贫困群体也不同。用不同标准得出的贫困人口数自上而下地进行精准识别和分解，这本身就是一件不可能完成的任务。在实践中看到，全国各地用了大量的精力，制定了无数细则，基层干部在贫困人口数上用尽了各种办法，结果还是达不到精准的要求，包括都安县政府在内的各级扶贫部门，动用了可动用的一切力量驻村入户，核查农户收支数据，希望"精准"地将应该得到扶贫支持的贫困户找出来，并制定了极其严苛的干部考核和帮扶制度，但结果并没有实现"精准"的政策目标，并把责任归咎于"农户刻意隐瞒收入争当贫困户或是扶贫干部徇私舞弊"上，而没有从技术层面把这个问题认识清楚，进而把干部的精力引向了"建档、查数据、造表、应付各种检查上"。①

（一）精准识别的目的

精准扶贫的基本思想是要解决以往扶贫工作中存在的非国家贫困县与集中连片区域贫困人口、贫困村识别不清的问题。而从现实情况看，要识别贫困村相对简单，而要精准识别贫困人口并不是一件容易的事情。扶贫的最终目标是要减少贫困人口，以县和村为目标的瞄准属于区域性瞄准，不属于人口瞄准，贫困县和贫困村中80%的人口往往不是穷人，所以，即便是把瞄准目标下沉到村，仍然不能确保扶贫资源到达贫困户手中，真正实现习近平总书记提出的"真扶贫，扶真贫"的要求，因此必须把扶贫瞄准目标下沉到贫困户。扶贫脱贫的"六个精准"中的"对象精准"和"措施到户精准"体现了瞄准目标下沉到户的思路。整体看，当前我国贫困人口温饱问题已基本得到解决，绝对贫困人口的数量已经大大减少，但是与此相对应的是相对贫困人口仍大量存在，而且相对贫困人口之间的收入差距并不明显，这就导致对超过绝对贫困人口标准的相对贫困人口的识别变得异常困难。很多农村干部治理乡

---

① 实际上，贫困人口瞄准是一个世界性难题。英国早期实施《济贫法》时，政府同样面临哪些人应该帮扶的难题。马尔萨斯在他的《人口原理》中甚至悲观地认为帮扶穷人会提高穷人的生育率，穷人会越扶越多。

村是按照熟人社会的多次性契约开展工作的，但扶贫脱贫政策要求村干部按一次性契约方式进行扶贫工作，两者之间会产生较大的冲突。比如，家庭 A 有孩子在上大学，按扶贫政策规定可以享受更多的教育扶贫补贴，但其收入水平却不符合建档立卡贫困户标准；而家庭 B 没有孩子在上大学，不能享受教育扶贫补贴，但收入水平却更接近建档立卡贫困户标准。如按国家贫困户识别标准（一次性契约），家庭 B 应为贫困户，在这种情况下，家庭 A 和家庭 B 都不能得到国家的教育扶贫补贴。但村干部按熟人社会的多次性契约治理方式，通过中间协调，变通贫困识别标准，家庭 A 当贫困户，享受国家教育财政补贴，而如果有另外的能够给家庭 B 带来利益的机会，就会采取倾向于家庭 B 的政策，多次博弈的结果是实现两个家庭 A 和 B 收益的最大化。

（二）精准识别难题的基本观点

扶贫瞄准目标越下沉，目标范围越大，识别的难度和成本也就越大。目前，各个地区制定了很多贫困户识别标准，这些标准的实施对于精确识别贫困人口和精准帮扶贫困人口发挥了重要作用。在国家严格的贫困识别标准和体系之下，为什么一些贫困地区对于贫困户的识别仍存在分歧？为什么按照严格的国家标准识别后仍有贫困人口无法被识别出来？精准扶贫过程中的精准识别应遵从什么样的逻辑和要求？扶贫实践表明，任何一种扶贫瞄准机制都面临信息失真、方法无效、污名化等方面的挑战，一种错误的扶贫瞄准机制产生的危害要远远大于没有瞄准机制。李小云认为，精准识别中收集农户收入和支出信息需要很高的经济投入、监督成本，精准识别需要极其发达的信息系统和很高的诚信环境，目前比较简便且成本低的方式是依靠熟人社区中的农户进行识别；①陆汉文认为，通过民主评议方法识别贫困人口的效果主要取决于政府控制村干部的能力和这些村干部认真识别的意愿、决心，但在实践中有很多变数；②汪三贵、郭子豪认为，民主评议较好地解决了贫困户识别中可能出现的矛盾和合法性问题，但所识别出来的贫困户无法在经济困难程度方面进行比较，与扶贫标准下的贫困户统计结果也会存在较大差异；③左停等认为，精准识别中采取规模控制、指标分解的方式主要是为了降低贫困识别的成本并提高识别的效率，同时也是为了抑制地方以及农户为获得贫困村和贫困户这一身份所附带的扶贫资源而故意多报虚报的利益冲动；④李博和左停通过对西海固地区一贫困村精准识别过程中国家逻辑和所遭遇的乡土困境的分析，以案例的形式呈现当前农村贫困人口精准识别过程中所存在的一系列问题，认为精准识别面临对贫困群体的恶意排斥、过失排斥等挑战，贫困人口参与不足、社区监督机制难以实施，是导致贫困识别不精准的主要原因。⑤精准扶贫所遭遇的是农村熟人

---

① 李小云：《构建新制度，提高扶贫成就》，《中国老区建设》2014年第9期。
② 陆汉文：《落实精准扶贫战略的可行途径》，《国家治理》2015年第38期。
③ 汪三贵、郭子豪：《论中国的精准扶贫》，《贵州社会科学》2015年第5期。
④ 左停、杨雨鑫、钟铃：《精准扶贫：技术靶向、理论解析和现实挑战》，《贵州社会科学》2015年第8期。
⑤ 李博、左停：《谁是贫困户？精准扶贫中精准识别的国家逻辑与乡土困境》，《西北农林科技大学学报》（社会科学版）2017年第4期。

社会的关系网络、不规则的乡土社会以及农村社会"不患寡而患不均"的思想和不健全的基层民主等现实情况。因此，精准识别应把国家的识别标准嵌入乡村社会的规则体系之中。

（三）精准识别难题讨论

现有关于贫困户精准识别的研究主要从客观的信息不对称和主观上村干部和农户恶意争抢贫困村、贫困户资源的角度认识精准识别难的问题，没有认识到我国贫困户和贫困人口数存在先天不准——2014年的全国贫困人口数并不是以后扶贫工作的贫困人口数这一根本性问题。在制度设计上片面强调贫困措施到村、到户，没有考虑中国城乡分割的二元户籍制度，以身份制为基本特征的人口管理制度、养老制度、就业制度、医疗制度、教育制度等与西方发达国家的根本性区别。这种制度性差异造成了贫困户和贫困人数的识别与西方国家以收入或消费支出为单一指标之间的差异。

1. 家庭人口统计中的两难

国家住户收支调查统计的农村家庭人口是农村家庭常住人口，而地方在识别贫困户时，对有子女外出打工、担任国家公职、外出经商、虽与父母分家分户却条件好的家庭，实行将子女纳入父母家庭的家庭人口统计办法。比如，农村家庭A中有人在北京等大城市打工，且只有高中文化程度，不具有北京市户口，因此在扶贫工作中，这样的人口就统计为当地扶贫人口。如果打工者月收入达到一定标准，当地农村家庭 A 就不是贫困户。如果农村家庭 B 有人具有大学文化水平，已落户到城市，算城市干部家庭，其父母在农村常住，收入水平很低，其父母视为非贫困户（一票否决制）。

实际上，以扶贫为目的的贫困人口识别，或是农户人均可支配收入或消费支出统计面临两难选择。①如果将那些城镇务工的农村非常住人口统计为农村扶贫家庭人口，从可支配收入角度看，其家庭人口收入水平很容易超过以农村消费价格和满足基本消费品需求界定的贫困线，比如 2010 年制定的年人均可支配 2300 元的贫困标准。但是，在城镇务工的农村非常住人口是在城镇生活，按农村的贫困线来划定其贫困标准，就会大大低估了城镇务工人员的消费需求，因为这些人是以城镇最低消费为标准的。比如 2017 年北京最低生活保障标准是每人每月 900 元。②如果将那些在城镇务工的农村非常住人口不统计入农村扶贫人口，农村人多地少，在大多数家庭收入主要来自非农收入的背景下，就会大大增加农村贫困户、贫困人口数量，农村脱贫目标实现难度就很大，而且会将很多应由城镇务工人员承担的扶贫脱贫责任交给政府。国家统计局公布的 2014 年 7000 万贫困人口是以农村常住人口的可支配收入为标准得出的，而各省份的贫困人口是以农村家庭人口（包括非常住人口）的收支为标准识别的。统计人口的范围不同，收入和消费的计算方法也不同。用不同的统计标准计算贫困人口，以此要求地方政府按国家要求的脱贫人口数据精准识别、精准脱贫，结果是逼迫一些地方数字致贫和数字脱贫。

2. 国家与地方农村贫困标准差异

《中国农村扶贫开发纲要（2011—2020年）》提出"到2020年稳定实现扶贫对象不愁吃、不愁穿，保障其义务教育、基本医疗和住房（简称两不愁、三保障）"。按这个目标要求，我国制定了现行农村贫困标准，即"2010年价格水平每人每年2300元"，国家统计局2014年现行农村贫困标准为当年价年人均可支配收入2800元，以后每年根据农村低收入居民生活消费价格指数，对此标准进行更新。也就是说，国家公布的2014年全国7000万农村贫困人口数据是以生活在贫困标准线以下的人口比例（贫困发生率）推算出来的。具体计算步骤为：①使用各省份统计局住户调查数据计算出贫困发生率；②各省份贫困发生率乘以其乡村户籍人口，得到分省贫困人口规模；③分省贫困人口规模加总得到全国贫困人口规模。各省份在2015年开始实行精准识别、建档立卡和一户一策的扶贫政策以前，贫困人口数由统计部门根据全国9.7亿农村户籍人口的1%抽样按统计原理推算出来。按统计原理推算出来贫困人口数，在国家宏观层面存在统计误差是科学的，也是可容许的。但是，如果将按统计原理推算出的贫困人口数按户、人要求百分之百"精准"地从省、市、县、镇、村、组一层层往下分解，就违背了科学原则。以广西为例，2014年广西的贫困人口规模以前述方法确定为538万人，然后将538万贫困人口数逐级分解到市、县。从统计学上说，即使知道全广西的贫困人口准确无误地是

538万人，也并不能精准知道某一个县的贫困人口数量是多少。2014年底，实际上是广西壮族自治区政府分配给都安县120个贫困村和167488贫困人口的指标，这个数并不是2014年都安县实际的贫困人口数。这是在贫困人口规模总量控制方针下，财政、金融、产业等各项政策支持农村扶贫事业的基本数据。不管贫困村也好，还是贫困人口数也好，往往是一个自上而下的"数据分配"过程。当然，这种分配数据与现实中农村实际的贫困发生率有时相吻合，有时会存在很大差别。地方在识别贫困户时，还会加入很多收入或消费之外的其他考核指标。从国家贫困标准来说，如果农户家庭年均可支配收入超过贫困线，考虑其生活成本后就认为能够达到"两不愁，三保障"的脱贫标准。

3. 农户家庭收支数据难精准

农户家庭收支数据难精确问题的形成，既有主观的因素，也有客观的因素。主观因素表现为入户调查人员或农户有意谎报收入支出数据，特别是在大量的扶贫政策与建档立卡贫困户利益直接相关的背景下，有的老实、诚信农户选择实报收入水平，而有些诚信度低的农户或是家里有患大病、小孩子上高中以上学校等的家庭为了得到对于农户来说补贴水准很高的大病医疗保险、教育补贴、低保补贴、易地搬迁补贴，会有意瞒报收入来源，这是主观故意。但与此同时，还存在很多客观性因素，因为统计居民收入特别是高收入群体的收入是世界各国共有的难题，没有人会将自己真实的收支状况全部告诉他人。西方发达国家个人信息系统发达，居民收入更易统计监控，而我国农村没有建立个人信息系统，只能依靠动员各级干部入村进行农户收支调查。农户收支调查是一项非常专业的工作，很多干部从来没有参与过，在工作时间有限的情况下，难以得到农户家庭收入支出准确数据。即使是专业人员开展农户收支调查，要得到农户准确的收入数据，也极为困难。当下大多农户是兼业农户，农民家庭外出务工是普遍现象，调查人员入户后，只能通过在家人员收集外出人员的收支信息，被调查的在家人员对于家庭中外出务工人员的收入只能大体估算（一种是他自己不知道在外打工挣多少钱，另外一种是在家人员即便知道也不愿提供真实信息）。此外，收入既是存量概念，也是流量概念。现在的贫困标准是以某年底的存量概念来定义的，但对于扶贫目标和措施来说，更需要知道农户一定时期收入支出流量。收入流量受家庭人口结构变动、人口健康状况、市场环境等诸多因素的影响。比如，某贫困户家里有初中生，没有大学生，如果以收支存量概念，比那些家里有高中生或大学生的家庭更容易被识别为"非贫困户"，但过两年后，初中生变为了高中生、大学生，这些非贫困户用原来的贫困标准就变成了贫困户。对于非贫困家庭，在非贫困时期患了病，支出突然增加，成了实质性的贫困户，需要国家扶贫政策支持时却得不到，即使第二年进入贫困户名单，病已治好，支出下降，也得不到相应的政策支持。农产品市场起伏不定，按收入存量概念，一些种养殖户在上一年市场景气时是非贫困户，下一年市场不景气就又变成贫困户。农户的资本既有物质资本，也有人力资本，还有社会资本，对其收支状况、资本状况进行客观的打分式评价即使是在信息完全透明的情况下也很难做到完全公平。总之，农户收支更多是流量的概念，按一户一册精准识别贫困户和非贫困户，存在技术障碍，也不利于综合治理贫困。比如，有的农户孩子正在上大学，家里用于教育的支出占了总收入的很大比重，因此会减少用于修房或是其他固定资产的投入，但是，教育支出极大地增加了这个农户的人力资本，从收入流的角度看，这个家庭未来收入的预期就高一些。其他家里孩子正在上小学的农户用于教育的支出更低，在收入水平相当的情况下，这个家庭在修房或是其他固定资产的投入就会高一些，但这个家庭的人力资本低，未来预期收入流更低。再比如，有的农户喜欢社交，很多支出用于请客喝米酒了，在收入水平相当的情况下，这样的农户固定资产会少一些，但其社会资本更高。在农村，社会资本高的农户外出打工等就业信息更多、家里遇到突发事件时更有安全保障，但在一户一册的精准观下，是否贫困户识别只是简单地以物质资本为评价标准。在大多数农户收入差不多、信息不对称、评价指标复杂、评价标准难统一的情况下，不管用多少高压政策，"精准"政策超出了现实实践的条件，就易流于形式。

4. 大量收支在贫困线上下的临界户存在，使精准识别左右为难

以 2016 年贫困标准线 3260 元为例，如果调查到一农户家庭人均可支配收入为3270元，另一农户家庭人均可支配收入为3100元，如何识别？前面说过，农户家庭收支调查是一项非常困难的工作，农户家庭人均可支配收入差异1000元都是在统计误差范围内的。农村大量人员外出务工经商，村内人均耕地面积差异不大，农户收入差异产生的根源不在种植业，而在于家庭成员在外务工的行业、区域差异。农村真正的低收入户，是那些由于孩子较多，家里老人生病不能照顾孩子，或主要劳动力生病等，缺少外出务工人员"挣钱"，只能在家种地生活的家庭。这类极端贫困户，通过各级干部入村调查、民主评议，基本都能纳入建档立卡贫困户。但许多农户除了教育、医疗支出差异外，生活水平差异不大，处在贫困户与非贫困户边缘，即使评议时没有任何信息缺失，干部没有任何私心，也难以识别。比如2016年家庭A人均可支配收入4000元，家庭B人均可支配收入3000元，家庭A有老人生病或孩子上大学，而家庭B全家身体健康，孩子正上小学，教育、医疗支出少，在这种情况下，即使有最严格的贫困识别程序，也无法公正地判断哪一户更应评为建档立卡贫困户。

5. 统计口径的变化影响贫困户和贫困人口识别

我国农村住户调查始于1954年，城镇住户调查始于1955年。2013年前，城乡住户调查分开实施。众所周知，国家统计局收入支出的调查单位是住户，住户由住在同一房子里，分享收入和消费的一个或几个人组成，是一个与家庭相似但又不等同于家庭的概念。住户调查以居民家庭及其成员为调查对象。2013年开始,国家统计局实行城乡一体化住户收支与生活状况调查,统一指标、统一抽样、统一组织,抽样框覆盖比较完整,以第六次全国人口普查为抽样框,所有人口在常住地参加调查。以省份为总体,采用分层、多阶段、与人口规模大小成比例(PPS抽样法)和随机等距抽样相结合的方法抽选住宅,对抽中住宅内的住户进行调查。2013年以前调查的农民家庭人口纯收入,农村家庭人口统计口径为农村常住人口加上外出务工农民工(但不包括家庭中的现役军人和大中专学生),农民收入由在家人口提供,难以反映外出务工人员的真实收支状况,包括农村常住人口所有收入加外出务工农民工所有收入(由家人代记,在外花费的收入易漏报,实际计入日记账的以寄带回收入为主)。2013年以前由国家统计局的贫困发生率计算贫困人口时,容易高估外出务工人员较多的农业省份如四川、贵州、广西等地区的贫困人口数。2014年后的家庭人口统计为"农村常住人口+由本户供养的大中专学生",住户人口指经济联系密切且满足经常居住条件的家庭成员,另包括不满足经常居住条件,但由本户供养的在外求学在校学生,不包括不满足经常居住条件要求的家庭成员。2014年后农户家庭可支配收入是农村常住人口所有收入加上外出务工、经商农民寄带回家庭的转移性收入。2013年前农村家庭人均纯收入包括外出务工的非常住人口的工资性收入、经营性净收入、财产性净收入、转移性净收入;2014年后可支配收入包括家庭常住人口的工资性收入、经营性净收入、财产性净收入、转移性净收入

（扣除利息支出和社保支出）。在农村人均居民消费水平指标计算时，非常住农民工不包括在内，而增加由本户供养的大中专学生。在住房支出中，以自有住房估算租金代替购建房支出，教育支出中增加了本户支出中的大中专学生费用。

以上这些因素的分析，是基于在都安县贫困户和贫困人口识别、考核以及"回头看"等调研过程中所看到的实际问题，层出不穷的"精准"识别文件将压力传导到镇、村一线扶贫干部。笔者发现，一线扶贫干部费了九牛二虎之力，也没有达到"精准"的要求，在后面的章节中会结合顺安村精准扶贫的全过程进行详细的考察。随着扶贫的深入，贫困户与非贫困户、贫困村与非贫困村享受的财政支持差异加大，扶贫中的各种矛盾更加凸显，需要提前统筹安排，减少因扶贫而形成的新的社会不公平（见附录）。

第二节　顺安村贫困识别标准和过程

根据广西壮族自治区党委、政府的总体安排，都安县委、县政府制订了精准识别贫困户、贫困村实施方案。2015年顺安村精准识别工作队对顺安村贫困户、贫困人口数量、原因进行了识别，并对贫困户建档立卡，作为精准帮扶、精准管理和精准考核的基础。2015年的工作是在深入贯彻落实习近平总书记关于精准扶贫的重要指示精神，国务院扶贫办建档立卡"回头看"，都安县委、县政府2014年建档立卡的基础上开展的。

一 贫困识别标准

（一）规模控制下的综合评分法

顺安村是贫困村，所有农户均列为入户调查识别对象，对照"精准识别入户评估表"逐项评分，经户主签名确认、村民小组和行政村评议公示后，由县领导小组审核，并对拥有房产、车辆、企业等财产的农户一票否决，然后汇总到市，经审核后报到广西壮族自治区领导小组。自治区领导小组参照538万的贫困人口规模，划定各市、县贫困户和贫困人口分数线。贫困村、贫困户的识别过程是一个综合评定过程，不仅仅是农户的收支情况，因此结果与单纯用收支来衡量的国家标准已完全不同。综合评分法对农户住房、家电、农机、机动车、饮水、用电、道路、健康、教育、劳动力、务工、土地、养殖、种植以及其他可加减分项等18类近90项指标进行综合评分，按分值高低识别贫困户。

（二）综合评分法权重分析

顺安村"精准识别入户评估表"内容丰富，涉及指标众多，为了理解贫困户识别精准度以及动态调整情况，需要对贫困户评价指标权重最大的项进行分析。从表2-3看出，贫困村中农户的住房、劳动力构成、就业、教育、道路、耕地等自然资源条件都纳入考核范围。农户家庭可支配收入没有作为一条红线来评估国家意义上的贫困户或贫困人口。在同一个村屯里，每个农户能获得的基本公共服务（如水、电、路以及耕地、养殖、农机等项目）之间差异不大（顺安村有一些不通路的村屯，贫困户比例很高），影响较大的有农户的住房条件、家庭成员结构，其中，家庭中是否有大中专学生的影响权重最大。一个家庭有大中专学生，教育项为0分，同时，高中毕业后这一劳动力成员很有可能会外出打工，增加"务工人员占家庭成员50%以上"以及"务工人员的年平均务工时间半年以上"两项的评估分。这就形成双重叠加的效果：家里有大中专生的农户除非有"一票否决"的情况，一般都会被评为贫困户。此外，家庭成员健康状况也是双重评分，如果家庭主要劳动力患病，家中劳动力减少，还会影响其他成员是否能外出务工，这样，那些劳动力患病的家庭也易被评为贫困户。另外，对疾病、孤儿或单亲家庭有小孩读书、家庭中有2个小孩在高中就读或有1个小孩在大专以上就读的10~20分的减分项，体现了广西贫困户保教育、保医疗的贫困户识别政策导向。在这种贫困户评价办法下，极有可能出现贫困户人均可支配收入比非贫困户人均可支配收入高的现象。

表 2-3　2015 年都安县精准识别评分项和评分标准

评分项	指标	分值
住房	砖混或纯木结构（在建）、简易装修、人均 20 平方米以上	25
家电	洗衣机、电冰箱、电视机	5
健康	全家成员健康	10
教育	无在校生为 8，有大中专生为 0	8
劳动力（16~60 岁比例）	占家庭成员 50% 以上	8
务工人员	务工人员占家庭成员 50% 以上	6
务工时间	务工人员的年平均务工时间半年以上	4
种植业	5 亩以上	6
农机	插秧机等	2
机动车	机动三轮车等	2
饮水	自来水	4
人均土地面积	水田 1 亩以上、旱地 2 亩以上、林地 10 亩以上	3、3、3
养殖业	调查时点存栏 1 头牛、1 匹马或 2 头猪以上	3
自然村通路	水泥路	5
用电	已通电	3
合计	所有条件满足	100

资料来源：都安县扶贫开发办公室。

（三）"一票否决"制

农户家庭有下列情形之一的，在精准识别贫困户中原则上采取一票否决：①有两层以上（含两层）砖混结构精装住房或两层纯木结构住房且人均居住面积在 50 平方米以上的农户；②在闹市区或集镇或城市有住房（含自建房）、商铺、地皮的农户（移民搬迁除外）；③家庭成员有经营企业或其他实体经济的农户；④现有价值 3 万元以上（含 3 万元），且能正常使用的农用拖拉机、轿车、货车等的农户；⑤有家庭成员在国家机关、事业单位工作且有编制（含离退休），或在国企和大型民营企业工作相对稳定的农户；⑥全家外出务工 3 年以上，且家中长期无人回来居住的农户；⑦家庭成员具有健康劳动能力和一定生产资料，无正当理由不愿从事劳动，且有吸毒、赌博等不良习性导致生活困难的农户；⑧为了成为贫困户，把户口迁入农村，但实际不在落户地生产生活的空挂户，或明显为争取贫困户指标而进行拆户、分户的农户。

二 贫困识别过程

国家制定统一的扶贫对象识别办法，各省（自治区、直辖市）在已有工作基础上，坚持扶贫开发和农村最低生活保障制度有效衔接，以县为单位、规模控制、分级负责、精准识别、动态管理的原则，对每个贫困村、贫困户建档立卡，建设全国扶贫信息网络系统。专项扶贫措施要与贫困识别结果相衔接，深入分析致贫原因，逐村逐户制定帮扶措施，集中力量予以扶持，切实做到"扶真贫、真扶贫"，确保在规定时间内实现稳定脱贫目标。[①]

（一）识别对象

根据国务院扶贫办建档立卡"回头看"要求和广西壮族自治区党委安排，2015 年 10 月都安县政府制订了《精准识别贫困户贫困村实施方案》，要求在 2014 年建档立卡基础上开展精准识别贫困户贫困村工作，摸清摸准贫困

---

① 参见 2014 年中共中央办公厅和国务院办公厅印发的《关于创新机制扎实推进农村扶贫开发工作的意见》。

户、贫困村基本情况和致贫原因。2014年识别的120个贫困村不变，2014年底全县贫困人口控制规模为167488人，识别对象包括一般贫困户、扶贫低保户（有劳动能力的低保户）、低保户（无劳动能力的低保户），五保户不作为贫困户建档立卡。①对非贫困村，只对贫困发生率在25%以上，或生存条件差不适合人居住，或改善基础设施条件较难，或需整屯搬迁的自然村（屯）进行信息采集和建档立卡。

（二）精准识别时间

精准识别贫困户分7个阶段历经近两个月时间：①动员及培训阶段（2015年10月12日至10月16日）；②入户调查评分阶段（2015年10月17日至11月10日）；③两评议一公示阶段（2015年11月10日至11月15日）；④核实汇总分数阶段（2015年11月15日至11月19日），根据广西壮族自治区确定的贫困人口规模，划定都安县贫困户和贫困人口分数线；⑤公告公示贫困户阶段（2015年11月19日至11月26日）；⑥信息采集阶段（2015年11月26日至12月15日）；⑦数据审核录入阶段（2015年12月15日至12月31日）。②从工作队入户调查评分阶段看，时间是10月17日至11月10日，共计三周时间，在这样

---

① 都安县扶贫开发办公室：《都安县精准识别贫困户贫困村实施方案》，2015年10月。
② 对驻村第一书记和扶贫工作队等一线扶贫干部工作忙碌程度，新闻广有报道；对此当地流行一个说法"要想长寿，远离扶贫"，"白+黑"的工作是常态，参见附录三。

短的时间内要准确计算村内所有农户的收入支出情况是很难做到的。根据入户调查手册对在外人员寄回家、带回收入和工资性收入指标的解释，农户家庭人均可支配收入是指住户家庭常住人口的人均可支配收入，因为在外人员寄回、带回收入指外出务工 1 年以上，其务工收入平时不固定寄回家，偶尔寄回、带回的收入，属于转移性收入的一种。离家时间长，不经常与家人联系，很少给家里钱，可不参与家庭人均纯收入计算。如果外出务工收入大部分用于家庭开支，可参与家庭人均纯收入的计算。工资性收入指家庭常住人口利用农闲时间到周边地区打短工、零工获得的收入，特点是经常回家、不误农事，且得到的收入主要用于家庭开支。入户调查人员在计算家庭可支配收入时，对于务工人员是否应纳入收入计算项难以把握。根据 2017 年入户调查情况看，很多时候是入户调查人员不知道农户家庭务工人员工作情况而误算农户收入数据（见附录）。

（三）精准识别工作队

在这次贫困户识别过程中，都安县动用了精准识别工作队员 2007 人，其中乡镇级工作人员 1161 人，广西壮族自治区、河池市、都安县直属单位 846 人，涉及非贫困村 124 个、贫困村 103 个。顺安村所属的大兴镇，有 5 个非贫困村、8 个贫困村，参与精准识别的工作人员除了乡镇本级全体干部职工外，还有 38 人来自广西、河池、都安县各单位。应注意到，这些来自公路局、盐务局、审计局、统战部、旅游局、办公厅、广西投资集团等单位的帮扶干部很多人没有从事过农村工作。精准识别工作队由广西壮族自治区和河池市、都安县、乡镇干部、驻村第一书记、驻村工作队员组成。每组 2~3 人，设组长 1 名，在村干部的参与和配合下，进村开展入户宣传动员、入户评分、填写各种表格，对存在的问题进行复核、采集以及录入贫困户、贫困村信息等工作。工作队到乡进村后，由乡镇党委统一管理。在贫困村，工作队需对所有农户开展入户调查，对照"精准识别入户评估表"逐项评分，并经户主签名确认。调查结束后，按分值高低排序填写"精准识别入户评估得分统计表"。在非贫困村，工作队对在册贫困户和新申请贫困户的农户开展入户调查。

（四）贫困户识别程序

采用"一进二看三算四比五议"[①]、两评议、两公示等工作程序，先后入户调查评分 89821 户 35.3 万人，针对部

---

① 以村民小组为单元，工作队员 2~3 人为一组，在村"两委"成员或村民小组长的协助下，运用"一进二看三算四比五议"的方法入户调查评分。一进：工作队员入户与户主和家庭成员交流，了解家庭情况、生活质量状况、子女读书情况、家庭成员健康情况等。二看：看室内，看住房、家电、农机、交通工具等生产生活设施；看室外：看水电路、农田、山林、种养等发展基础和状况。三算：算农户收入、支出和债务等。四比：与本村农户比住房、收入、资产、外出务工等情况。五议：议评分是否合理，是否漏户，是否弄虚作假，是否拆户、分户、空挂户，家庭人口是否真实等情况，填写"精准识别入户评估表"。2015 年 12 月 22 日，广西精准识别建档立卡电视电话会议透露，经过"五上五下"的数据核查清算，并对农户家庭成员财产进行检索，将符合"一票否决"事项的农户予以剔除，广西贫困户精准识别数据准确率已达 98% 以上。精准识别工作开展以来，广西共投入 25 万工作队员，落实经费 1.8 亿元，顺利完成了宣传动员、入户调查评分、两评议一公示、核实汇总分数等四个阶段工作，完成了入户评估信息录入、数据导入、分数汇总等工作。扣除自动放弃户、无法联系户、拆户合并户后，全区累计录入 427.45 万户 1889.93 万人的信息。

分村屯精准识别入户调查质量不高的问题，多次组织、认真开展"回头看"，做到精益求精，确保扶持对象精准。通过精准识别、动态管理，最终确定全县2015年建档立卡贫困人口33614户136878人。时期指标为2014年1月1日至12月31日。2015年顺安村建档立卡贫困户和贫困人数相应就产生了。

第三节　顺安村贫困识别管理

通过2014年、2015年的贫困识别和建档立卡工作，顺安村贫困户管理逐步走向规范化。但由于贫困标准的变化、贫困识别的技术困难以及一些人为因素的干扰，2017年又开展了一次调整。总体上，贫困户建档立卡工作处于动态调整之中。

一　贫困识别结果

农户是集收入和生活为一体的单位，家庭人员结构复杂，特别是大量外出务工人员的存在，使在技术上"精准"计算贫困户和贫困人口难度很大。[1]

---

[1] 李博、左停:《谁是贫困户？精准扶贫中精准识别的国家逻辑与乡土困境》，《西北农林科技大学学报》（社会科学版）2017年第4期。

（一）贫困户和贫困人数

顺安村贫困户、贫困人口数量受广西、河池市、都安县、大兴镇等各级贫困户和贫困人数规模控制的影响。广西以最接近贫困人口总规模为总原则进行划线，分数线偏高的县采取就低划线办法，分数线偏低的县采取就高划线办法，对各县贫困人口规模进行微调，尽可能缩小各县之间分数线的差距。但由于各县的贫困人口规模、贫困发生率等方面存在差异，各县的评估分数线高低不一。[①]2013年广西建档立卡贫困户分数线为68分，达到此分数线的有640.19万人；2014年分数线为65分，达到此分数线的有542.82万人；2015年分数线为62分，达到此分数线的有453.94万人。2014年末，都安县有建档立卡贫困人口167488人、贫困村120个，是广西贫困人口最多、贫困程度最深、贫困面最广、脱贫任务最重、搬迁人口总量最大的县。大兴镇有贫困人口10054人、贫困村8个，顺安村是其中的一个贫困村。2014年顺安村贫困户224户、贫困人口922人，贫困发生率高达56%，经过2015年、2016年两年的脱贫行动，2017年还有贫困户144户、贫困人口583人。

---

① 简单说来，国家说的贫困人口与各个地方所说的贫困人口不是一个口径的"贫困人口"。国家说的贫困户是统计部门住户统计中2010年家庭人均可支配收入在2300元贫困标准以下的农村常住户，省级的贫困户数也是这样推算出来的，但市、县特别是镇、村是在省贫困户规模控制后用多种方法推算出来的。各省在分配贫困指标时，标准不同，各镇村的贫困户和贫困人数的划分标准也各不相同。

表2-4　2014~2017年顺安村建档立卡贫困人口

单位：户，人

年份	2014	2015	2016	2017
贫困户数	224	186	152	144
贫困人口数	922	762	630	583
a.因病致贫人口	60	60	60	90
b.因学致贫人口	86	86	86	106
c.因缺劳力致贫人口	9	9	9	16
调出贫困户数（调整为非贫困户）	—	0	2	14
调出贫困人口数	—	0	8	58
调入贫困户数（调整为贫困户）	—	0	1	27
a.调入贫困人口数	—	0	1	105
脱贫户数	39	33	20	—
脱贫人口数	160	124	90	—
a.发展生产脱贫	0	0	0	—
b.转移就业脱贫	160	124	90	—
c.易地搬迁脱贫	0	0	0	—
d.生态补偿脱贫	0	0	0	—
e.社保兜底脱贫	0	0	0	—

注：其中一单人户于2016年底死亡。

2017年因学、因病致贫人口在总贫困人口逐年下降的情况下还在上升，表明贫困户识别的教育、医疗保障导向。在精准识别贫困户过程中，地方政府可以说动用了能够动用的全部力量，建立了各种监督考核制度和问责办法，还有一些干部因为贫困户识别不精准丢了"乌纱帽"，但仍没有办法完全解决贫困户识别不够"精准"的问题。2017年7月底开始，在上级党委、政府的领导下，顺安村进行了贫困人口动态调整，从一开始基本沿用2015年精准识别方案，到"回头看"时禁止控制贫困人口规模和"唯分数论"，顺安村贫困人口有进有出，2017年10月全村有贫困人口144户583人（不含继续跟踪帮扶的2015

年退出户和2016年的脱贫户），增加了应纳尽纳贫困户3户、整屯搬迁应纳尽纳户4户、返贫退出户20户。2015年、2016年和2017年脱贫户增加19户，三项增加了43户建档立卡贫困户共计174人。

表2-5　2017年顺安村贫困人口动态调整情况统计

单位：户，人

村民小组（屯）	应纳尽纳贫困户		整屯搬迁应纳尽纳		认定返贫退出户		剔除错评贫困户					
							2015年退出户		2016年脱贫户		2017年贫困户	
	户数	人数	户数	人数	户数	人数	户数	人数	户数	人数	户数	人数
合计	3	13	4	24	20	68	6	24	3	16	11	42
加进					1	4					1	4
下刁	1	3			1	4						
上街	1	6			2	9						
弄风			2	13	1	4						
弄蕉			1	7								
加翻			1	4	1	2						
弄吊					3	8					1	8
弄龙					3	9						
百欠					3	11					2	10
加东					1	4						
古劳					1	4	1	7	2	10		
弄王					1	4						
福星					1	2	2	7			1	6
百屯											1	1
上岭							1	2			1	1
巴卜							1	4				
上塘									1	6		
弄庙											1	2
福兴							1	4			2	6
下街											1	4
下山			1	4	1	3						

（二）贫困原因识别

对贫困户建档立卡，除了掌握农户收支信息外，还需要识别贫困户贫困产生的主要原因，便于按一户一策的方式精准扶贫。已有大量的关于致贫原因的分析，主要集中在贫困户或村庄的环境方面，比较畅销的 Jeffery Sachs 的专著《终结贫困》(the End of Poverty) 中说到"贫困村缺少货车、硬化路、电力，来为为了生计苦苦挣扎的文盲村民提供最为基本的服务设施"。发展经济学家刘易斯认为，贫困是因长期存在的不利于反贫困的社会和经济制度，此外穷人往往缺少情绪控制，只关注目前而很少有减少对当前需要的满足而长期规划的能力。在传统的微观经济学中，贫困原因的标准分析是用一个消费函数代表既定效用水平下的货币价值、成本，紧接着用计量方法估计消费或贫困的决定性因素，如家庭结构、物质资产、人力资本、区域差别、社区特征等，作为解释变量。作为简约式模型，模型的估计主要在于克服内生性问题。典型的贫困方程的决定性因素包括教育程度、人力资本（健康）、生产性资产、财政金融支持、农业生产的灌溉设施以及地理位置和家庭劳动力抚养比等。[1]

与之相关联的收入不平等分析更多关注社会结构和社会关系。[2] 理解收入不平等需要理解社会是如何构造

---

[1] J.Haughton, S. Khandker, *Handbook on Poverty and Inequality* (Washington, DC: World Bank, 2009).

[2] David Hulme, "Global Poverty: Global Governance and Poor People in the Post-2015 Era", *The Europe Journal of Development Research* 28 (2016).

的，每一成员或阶层在社会中的分工、角色以及分配制度。从单个个体、家庭转向社会分析并不是自发的过程，实际上，微观经济学中对不平等的分析存在一种强烈的个体主义倾向。不平等的因果分析直接指向社会结构和关系，这是有关全部资源分配的决定性因素。有许多这类分析的例子，比如马克思主义政治经济学的分析传统，认为社会不平等的内在原因是资本主义的动态机制或者产生于不同生产方式的社会关系。在马克思主义政治经济学看来，农村阶层差异的原因主要集中于阻碍农民剩余积累的机理：包括用劳动支付的工资、现金，以及由地主、雇主或国家通过工资、价格、高利贷或税收等形式出现的剥削和侵占。当代对于这些问题的分析有综合性的讨论。另外是社会学家常用的解释性分析框架，如查尔斯·蒂利（Charles Tilly）解释的持久不平等，他关注社会群体组织的系统性差别，阶层使社会性差异长久存在。不平等产生的原因包括：①剥削（资本将雇工工作价值部分无偿侵占，即资本主义的剩余价值规律）；②机会阻隔（Opportunity Hoarding，统治阶级垄断有价值的资源和网络机会）；③模仿（复制各种社会关系）；④适应（能加强社会结构性不平等的日常交易和活动的行为）。查尔斯·蒂利利用这个分析框架研究如职业隔离等社会问题，一定类型的工作必然会由一定的人群维持着他们的垄断地位，而且总能有效地排除其他试图进入的人。贫困原因的社会整体性分析能整合更为普遍的研究方法，而经济学中常见的分析方法，包括随机控制试验（Randomized Control Trial, RCT）和微观计量模型、部门均衡模型、可计算的一般均衡模型，用于掌握影响因素的高阶效应过于狭窄。整体性分析如反事实推理（Couterfactual Reasoning）和机制设计可以对结果和过程做更为丰富全面的解释。整合主客体交互性的观察数据，从思想实验中得到对话信息，可得到反事实原因更全面的论述，利用叙述信息有助于识别模型和工具变量的选择。现实生活中，没有一种原因或因果推断能获得观察事实全方位的因果事实。

对于顺安村贫困户产生的原因来说，更多的是从单个农户家庭特征去识别和分析，而避开了贫困户产生的社会结构性问题等其他原因。2014年识别出顺安村贫困户贫困主要原因有交通条件落后，缺少技术、劳力、资金以及因残、因病、因学致贫（见表2-6）。贫困户致贫原因总体上是符合顺安实际情况的，但还存在不少需要进一步认识的问题，这在2017年"回头看"中已进行了一定程度的修正，后面还会进一步说明。

表2-6 2014年顺安村贫困户人口及贫困原因

单位：人，户

家庭人口数	交通条件落后	缺技术	缺劳力	缺资金	因病	因残	因祸	因学	合计
1	1	1	0	3	1	3	0	0	9
2	7	0	3	5	0	1	0	2	18
3	14	0	1	7	2	2	0	0	26
4	4	0	0	8	3	5	1	5	26
5	4	0	0	9	1	0	0	3	17

续表

家庭人口数	交通条件落后	缺技术	缺劳力	缺资金	因病	因残	因祸	因学	合计
6	11	0	0	2	3	3	0	2	21
7	3	0	0	0	0	1	0	0	4
8	3	0	0	1	0	0	0	0	4
9	1	0	0	0	0	0	0	0	1
10	0	0	0	0	0	0	0	1	1
户数	48	1	4	35	10	15	1	13	127
人口数	213	1	9	131	42	56	4	61	517

二 精准识别评估

在精准扶贫工作中，精准识别作为一项基础性的工作所遭遇的乡土困境，已经成为困扰地方基层干部的重大现实问题。扶贫干部深陷数据、材料及应付各种考核检查和问责制度中难以脱身，已引起全国上上下下的高度关注。有学者认为这是一个技术难题，并将此归纳为"瞄准机制的简约性要求和社会环境的复杂性现实"之间的矛盾。精准扶贫所遭遇的这种乡土困境是农村社会所具有的属性和特质所决定的，这种属性和特质不但反映了当前农村贫困治理中所存在的普遍性问题，而且是精准扶贫工作中需要认真考虑的重要议题。一方面，由于在精准识别的第三方评估方面缺乏有效的技术手段，对于农户的收入以及财产缺乏一套切实可行的评估体系；另一方面，在农村不规则的社会中，农民对于自身财产和收入状况没有明确的概念，很少有农民能对自己每年的收入、支出以及现有的财产做出比较精准的计算,这也给目前政府的精准识别工作带来了较大的困难。

(一) 样本

2017年4月调研组第一次到顺安村开展入村和入户调查。调查农户60户,其中一般贫困户12户、低保户3户、低保贫困户22户、脱贫户12户、非贫困户11户(见表2-7)。样本户均人口4.83人,高于全国户均人口规模,家庭人口有4人、5人、6人的共45户,占样本总量的75%,家庭人口为7人、8人、9人的有5户。

表2-7 2017年4月顺安村调研的样本农户类型

单位:户,%

类型	户数	百分比
一般贫困户	12	20.0
低保户	3	5.0
低保贫困户	22	36.7
脱贫户	12	20.0
非贫困户	11	18.3
合计	60	100.0

(二) 贫困识别精准度的初步考察[①]

在农户调查表中,有问题"本村贫困户的选择是否合理"让农户直接判断,包括非常合理、比较合理、一般、

---

① 在当前的高压政策下,贫困户识别的精准度问题极为敏感,这里的评价只是一个初步结果,并不能作为考核地方干部工作成效的标准。

不太合理、很不合理和说不清6个选项。调查的60户样本农户中，认为非常合理的有5户，比较合理的有23户，一般的有13户，不太合理、很不合理的分别有9户和3户，另外有7户认为说不清（见表2-8）。从农户对贫困户识别精准度的主观评价看，认为非常合理和比较合理的共28户，不到样本数的50%；认为不太合理和很不合理的有12户，占总户数的20%；另外，认为说不清的占12%。从农户类型看，脱贫户和非贫困户对没有被识别为贫困户表现出明显不满。12户一般脱贫户中，有7户认为不太合理或说不清，4户的评价一般，只有1户认为非常合理。11户非贫困户中，有7户认为不合理或说不清，只有1户评价非常合理。评价最高的是低保贫困户，22户中有17户认为贫困户识别非常合理或比较合理（见表2-8）。可以看到，除了少部分村民外，很多村民非常希望能被评为贫困户，特别是吃上低保。[①]当地不少干部认为，低保政策正在逐步成为养懒人政策，成为村屯治理矛盾新的根源。一些拿低保又强壮的劳动力，待在家里等低保换酒买肉享受生活，甚至丢荒土地等低保，反正低保也够生活了；一些家庭孩子多，且这些孩子处于义务教育阶段，"国家已经养这些孩子了，他们往往在学期末还把在学校吃不完的米一袋一袋地带回家"，"他们家长该拿低保金去存款了"；一些家庭人口多，家庭每

---

① 当把解决贫困户温饱问题的政策变成满足高中、大学教育，大病医疗，易地搬迁以及低保等需求的高含金量政策时，村里除了少数经济条件好的家庭外，又有几个不想争当贫困户呢？

月低保收入是村干部工资收入的两倍,"低收入的人还得为高收入的人申请领低保钱"。①

表2-8 顺安村样本户对贫困户识别合理性的主观评价

单位:户

农户类型	非常合理	比较合理	一般	不太合理	很不合理	说不清	合计
一般贫困户	0	8	1	0	2	1	12
低保户	0	1	2	0	0	0	3
低保贫困户	3	14	3	1	0	1	22
脱贫户	1	0	4	4	0	3	12
非贫困户	1	0	3	4	1	2	11
合计	5	23	13	9	3	7	60

(三)样本农户对收入的满意程度

不管是贫困户、脱贫户还是非贫困户,在对自家2016年收入水平的自我评价方面表示较低或非常低的有42人,占样本人数的70%;有26.7%的样本农户认为收入一般,只有2人认为自家收入较高。从对收入的主观满意程度看,只有13.3%的样本农户对自己的收入表示比较满意,有45%的样本农户表示不满意,28.3%的样本农户表示非常不满意(见表2-9)。可见,不管是贫困户,还是非贫困户,对收入增长都有很高的期待,对家庭收入和消费水平的满意程度还有待提高。在贫困户与非

---

① 兜底的贫困户是应该低保扶持,有劳动力的贫困户如果转移就业后仍是低收入者可以给予补助,或通过做村里的公益工作转移支付劳动报酬,"不劳动者不得食"的原则不应变。顺安村2017年低保支出超过85万元,如果能够部分用在养老或是孩子教育上,那将是一件功德无量的事,不仅让老有所养、少有所教,而且体现了社会公平,促进村屯和谐。

贫困户收入差异不大时，扶贫政策对于农户争抢贫困户指标有很大的吸引力。

表2-9 顺安村样本户对2016年家庭收入的自我评价和满意度

对收入水平的自我评价	人数（人）	对收入水平的满意度	人数（人）
非常高	0	非常满意	0
较高	2	比较满意	8
一般	16	一般	8
较低	15	不满意	27
非常低	27	非常不满意	17
合计	60	合计	60

驻村调查时了解到，村里真正的贫困户往往是那些家里老人年纪大、常年有病，或是孩子多还未成年的家庭，这些家庭因劳动力负担比较大，家庭收入来源有限而致贫。其余很多家庭生活水平差别不大，家里的耕地生产粮食和蔬菜，用于自家消费，而买其他生活品如肉、油盐、衣服，以及交通、通信等日常需要现金支出的，必须通过非农务工或经商（如开个小店、医药店等）获得现金收入。扶贫政策对教育、医疗、低保以及易地搬迁的支持力度较大（第三章有详细说明），这使贫困户与非贫困户之间的收入形成很大差别和不公。随着扶贫攻坚工作的深入，村里争抢贫困户指标的压力越来越大，干群关系变得紧张起来。2017年以前的贫困识别基本能将村里生活条件很好和很差的人识别出来，但大量的在贫困线上下、生活条件差异不大的农户难以识别是否应为贫困户，扶贫政策使一些农户产生了很强的

不公平感。2017年9月28日下午6点,课题组选择去偏远的弄龙小组访谈。弄龙在顺安村的一个山弄中,四面环山,有一条刚修建不久的进组山路,路面由碎石铺成,交通极为不便。在此之前,组里村民外出,只能沿一条羊肠小道盘山而行,步行一个多小时的路程到村部后,还需要两个多小时才能到大兴镇上。小组由两姓氏人家构成,远看只有两三户人家,实际有15户农户生活在这个耕地资源稀缺的山弄里。地理位置偏远,使弄龙的贫困发生率近60%。在路口那户人家,住房条件优于其他人,家中两个孩子刚去南宁打工,女主人生病,他们很希望能评为贫困户。家庭信息是一个极为敏感的话题,农户对于课题组的调查有很强的抵触情绪,担心评贫困户一事受影响。[①] 随着脱贫攻坚的深入,国家财政对贫困户、贫困村的投入加大,户与户之间、村与村之间的矛盾将更加凸显。

三 一位扶贫工作一线干部对贫困识别的体会

各级政府都制订了《精准识别贫困户贫困村实施方案》并做了时间安排,规定了贫困户识别方法、识别程序。顺安村精准识别工作按照《大兴镇精准识别贫困户贫困村实施方案》实行,大兴镇实施方案是在上级方案的基础上,根据大兴镇的实际工作要求编制而成的,与上级要

---

① 2017年9月22日课题组到顺安调研时,有农户要求出示证件以核实身份,参见附录。

求一致。而在实际操作中，存在方案虽好但受制于民情村况等窘境。

（一）精准识别的精准性取决于农户的诚实程度

按照工作安排，入户调查人员在每户的调查时间不能超过30分钟。实际操作时，工作人员只能根据评估表逐条询问农户，农户回答问题的诚实程度决定了该户评估的精准程度，工作人员感觉到明显不符合实际时才可能提出质疑。但如果农户对工作人员提出的质疑矢口否认，工作人员也无从查起，比如农村住房无证，有些农户在本村的房子是破烂的危房，但可能在外地（如县城附近）购买了宅基地并建了好房子。而这些房子是没有证的，政府部门的财产检索也无法查到。工作人员要了解这些情况一是靠农户自觉告知；二是靠与该户有矛盾的农户的举报（就算有举报也需要与有房农户确认，若本人不承认也无法查清）。

（二）识别方法虽好，但实现困难

工作人员入户了解情况，与农户交流首先存在语言障碍；在眼见为实的情况下，看到的可以在评估表上真实体现出来，但不排除转移、隐瞒等情况；村干部作为带路人规定不能参与评估，存在村干部发现隐瞒虽已提醒农户，但农户置之不理，或村干部干脆不作声的情况。农户的收入、支出、债务都是比较敏感的信息。在建档立卡登记表中，有收入登记而无支出、债务内容。农户有时会刻意隐瞒收入，而支出、债务的相关内容工作人员也无从了解。务工的情况也是农户隐瞒的一个重点，如在哪务工、做什么工。《银行法》条款规定不能查农户个人账户，农户资产的多少没有数据。一些农户可能在银行有几十万的存款，但不建房、不买车，在外当包工头、当老板，有的租了房子，有的甚至长期住在酒店里，如果按照评估表的项目进行评估，这样的农户也可能被评为贫困户。

（三）评议看矛盾的程度

对于村民小组、行政村两级评议，工作队按照文件要求组织相关人员参加。除非村民之间存在很深矛盾才会质疑贫困户识别准确性，一般评估时农户的隐瞒、谎报情况不会被揪出来，只有家庭真的很困难的那些贫困户才会被提出来商议，参加评议的也希望自己能享受扶贫优惠政策。在对农村贫困人口精准识别过程中，不患寡而患不均的思想一直是困扰当前精准识别的一大主要原因。面对贫困程度相似的目标群体，如何进行科学、有效地精准识别以确保精准扶贫的公平性？例如按照现行国家贫困标准，人均年纯收入在2300元以下的被评为贫困户，但是一些稍高于2301元的人就无法享受贫困户的待遇，在农村贫困人口的精准识别过程中这种现象尤为普遍。一些地方贫困人口没有被精准识别出，不是因为贫困户名额的限制，而是农村社会中普遍存在的公平观念，一些地方因为贫困户评选存在分歧从而使一些真正贫困户没有得到确认。村干部在纠纷调解中所能够发挥的作用越来越有限,单纯地以完成纠纷调解任务为目标。在较为复杂的人情社会中,民主决议虽然在贫困户的识别过程中发挥了较大作用,但是并不能使贫困户识别实现完全有效的公正与公平,在精准识别过程中仍然存在一定的漏洞。

第三章

贫困治理的内核——精准扶贫

自 2013 年 11 月习近平总书记在湖南湘西考察时提出"实事求是、因地制宜、分类指导、精准扶贫"的十六字方针以来，精准扶贫成为中国的一个热词。随着扶贫实践的不断深入，精准扶贫的内涵在理论上也不断发展、丰富完善。精准扶贫可以理解为根据不同时空下不同农户的致贫原因，通过科学的制度设计，优化配置扶贫资源，创造公平、公正、公开的扶贫环境和可持续的扶贫效果。在实现国家 2020 年脱贫目标的时间表上，不是简单地将数据层层分解、整齐划一，而是根据各村、各户扶贫需要，分类施策，打赢扶贫攻坚这场硬仗。自党的十八大以来，党中央、国务院发布了一系列文件用于指导扶贫攻坚工作，形成集产业扶贫、易地扶贫搬迁、劳务输出扶贫、交通扶贫、水利扶贫、教育扶贫、健康扶贫、金融扶贫、农村危房改造等为一体的社会大扶贫格局,各级政府、社会团体加大扶贫的人、财、物投入,全国各地掀起了新一轮扶贫高潮。[①] 顺安村在中央和各级党委、政府的指导下开展扶贫工作,采取了系列强有力措施,助力脱贫摘帽。

第一节 扶贫制度和政策

诺斯认为制度是社会的游戏规则,是为人们的相互关系而人为设定的一些制约。制度分为正式制度和非正式制度。正式制度常指有意识地创造的一系列政治、经济规则及契约等法律法规,是构成人们行为激励和约束机制的法定规则;非正式制度是指由文化传统、风俗习俗约定而成的非强制性行为规范。扶贫工作是一项在国家正式制度安排下,通过村社熟人社会相互作用的攻坚活动。国家层面的顶层设计,通过各级组织、各个部门、各个行业贯彻执行,特别是调动基层干部和贫困户的脱贫主体意识,通力合作,实现国家脱贫攻坚目标。按照中央扶贫总体部署,做到四个坚持:坚持精准扶贫精准脱贫基本方略,坚持中央统筹、省负总责、市县抓落实的管理体制,坚持党政一把手负总责的工作责任制,坚持专项扶贫、行业扶贫、社

---

① 刘永富:《党的十八大以来脱贫攻坚的成就与经验》,《求是》2017年第6期。

会扶贫等多方力量、多种举措有机结合和互为支撑的"三位一体"大扶贫格局。都安县结合当地实际，制定了相应的扶贫制度和措施，顺安村的扶贫工作是将这些措施落实到村、社和一家一户。

一 扶贫制度

中国的扶贫开发实行分级负责、以省为主的行政领导扶贫工作责任制。各省、自治区、直辖市，特别是贫困面积较大的省、自治区，都把扶贫开发列入重要议程，根据国家扶贫开发计划制订本地区的具体实施计划。将脱贫攻坚作为重大政治任务，采取超常规举措，创新体制机制，加大扶持力度，打好政策组合拳，强化组织实施，为脱贫攻坚提供强有力保障。

（一）扶贫组织

国务院扶贫开发领导小组是国务院的议事协调机构，成立于1986年5月16日，当时称国务院贫困地区经济开发领导小组，1993年12月28日改用现名。领导小组由国务院副总理兼任组长，成员包括国务院办公厅、总政治部、国家发展改革委、财政部、农业部、中国人民银行、教育部、科技部、民政部、人力资源和社会保障部、国土资源部、环境保护部、交通运输部、水利部、商务部、文化部、国家卫计委、国家人口计生委、国家广电总局、统计局。相关省、自治区、直辖市和地（市）、县级政府也成立了相应的组织机构，负责本地的扶贫开发工作。

2015年12月，针对都安县贫困人口多、贫困面大、贫困程度深、精准扶贫攻坚任务艰巨的实际情况，由县委、县政府牵头成立了都安精准扶贫攻坚工作指挥部及扶贫开发领导小组。指挥部为扶贫开发议事协调机构，由县委书记、县长担任总指挥，县委、县政府分管领导担任副总指挥，县直相关单位主要负责人为指挥部成员，负责统揽指导、统筹协调全县精准扶贫工作。成立精准扶贫指挥部，引领全县扶贫开发，形成了县有指挥部、乡有"双联"①扶贫工作站、村有"双联"扶贫工作室的三级大扶贫工作格局，为顺利推进精准扶贫各项工作奠定了坚实基础。中央和国家机关有关部委、人民团体、中管金融企业、国有重要骨干企业和高等学校，结合扶贫开发工作，对照《关于做好新一轮中央、国家机关和有关单位定点扶贫工作的通知》（国开办发〔2012〕78号）确定的定点扶贫结对关系名单，每个单位至少选派1名优秀干部到村任第一书记，为基层做出示范。②同时，充分发挥村两委在扶贫工作中的作用。

（二）贯彻脱贫攻坚责任制

按照中央要求，构建任务清晰、各负其责、合力攻坚的责任体系，重点建立健全工作责任制和责任追究制。

---

① 双联即联村联户。
② 中共中央组织部、中央农村工作领导小组办公室、国务院扶贫开发领导小组办公室:《关于做好选派机关优秀干部到村任第一书记工作的通知》，2015年5月13日。

占领舆论最高点，掌握舆论控制权，对内大力宣传中央及地方各项扶贫政策，鼓励贫困群众积极参与精准脱贫工作，做到精神扶贫与物质扶贫并重，转变思想观念，变"要我脱贫"为"我要脱贫"，变"要我发展"为"我要发展"。

1. 落实主体责任

根据2016年10月11日起实施的国务院《脱贫攻坚责任制实施办法》，各级党委和政府对脱贫攻坚负总责，承担主体责任。成立县、乡、村三级精准脱贫攻坚指挥部，由四家班子主要领导及各级党政主要领导分别担任各级指挥长，实行"一把手"责任制。都安县党委政府与各乡镇党政主要领导签订脱贫责任书，各乡镇分别与各贫困村签订脱贫攻坚责任书，立下军令状，层层落实责任，形成三级书记抓扶贫、全党动员共担当的局面。为引导贫困县党政领导班子和领导干部树立正确的政绩观，促进贫困县转变发展方式，加快减贫脱贫步伐，提高科学发展水平，《中共中央办公厅、国务院办公厅印发〈关于创新机制扎实推进农村扶贫开发工作的意见〉的通知》（中办发〔2013〕25号）和《中共中央组织部 国务院扶贫办印发〈关于改进贫困县党政领导班子和领导干部经济社会实绩考核工作的意见〉的通知》（组通字〔2014〕43号）要求改革考核办法。在抓基层党建促精准脱贫方面，都安县组织和带领全县1255个基层党组织19630名党员干部推动脱贫攻坚工作。2016年，都安县减贫3.6万人，贫困人口从13.68万人降到10.06万人。

2. 落实帮扶责任

建立领导联系贫困村工作机制，确保2016年脱贫摘帽的贫困村由1名县主要领导干部联系，做到领导带头。建立干部精准结对帮扶贫困户机制，即正处、副处、正副科、一般干部分别结对帮扶15户、13户、11户和9户贫困户，明确帮扶干部每月进村入户10天以上，与贫困户同吃、同住、同劳动，履行帮扶职责，共谋脱贫大计，完成摘帽任务。市（地）领导实行包县联户，县（市）领导实行包村联户，责任到人，一包到底，不脱贫不摘钩。明确省直行业部门扶贫任务，确保行业扶贫任务有效落实。建立县级社会帮扶资源与精准扶贫有效对接机制，开展"百企帮百村联万户"精准扶贫行动，组织优秀企业家担任贫困村"名誉村长"，帮助贫困村早日摆脱贫困，走向富裕。2016年都安县有10054名领导干部参与结对帮扶。对帮扶（联系）的主体、对象、形式等做了明确要求，所有帮扶干部通过与贫困户交流，共同制订符合贫困户实际的帮扶计划，做到因地制宜、一户一策。各级定点帮扶单位必须安排本单位的干部职工参与"一帮一联"工作，主动承担定点帮扶任务。对帮扶主体、结对形式和入户走访次数都有明确规定。通过增加帮扶人员，实现"一帮一"或"一帮几"。贫困户帮扶联系人为区直、中直驻桂单位干部职工的，每年帮扶联系人走访贫困户不得少于2次；为市直单位干部职工的，每年不得少于4次；为县直单位干部职工的，每年不得少于6次；为乡镇单位干部职工的，每年不得少于12次。脱贫户对应帮扶联系人每年走访次数可适当减少，但不能少于相应贫困户对应帮扶联系人次数的一半（见表3-1）。

表 3-1　2017年顺安村结对帮扶情况

单位：户

单位	顺安村委	顺安小学	大兴卫生院	县司法局	广西投资集团
韦宏师	3				
石忠安	4				
梁吉祥	4				
邓兰艳	4				
石兰春		3			
周丽萍		3			
梁志杰		3			
石忠耿		3			
黄湘露		3			
覃国安		3			
石冠引		3			
梁春柳		3			
梁　拓		3			
石若青			3		
王宇帆			3		
苏宗权			3		
王瑗椤			3		
韦桂益			3		
韦玉巧			3		
韦兰救			3		
石荣肖			3		
黄绍宏				5	
林茂海				5	
梁耀亮				5	
韦明欢				5	
黄朝安				5	
韦福波				5	
潘先孜				5	
赖癸宁				5	
韦冬学				5	
潘桂康				5	
韦乡棉				5	
罗宝万				5	
韦汶江				5	
韦旺坤				5	
罗清泉					1
韦　广					1

续表

单位	顺安村委	顺安小学	大兴卫生院	县司法局	广西投资集团
肖 玮					1
雷 雨					1
唐振华					1
潘俊杰					1
吴学升					1
李 健					1
孙学勇					1
黄华标					1
潘江泓					1
唐军生					1
谢伟明					1
玉志作					1
彭桂明					1
许启新					1
刘 燕					1
杨金海					1
莫小明					1
李 娟					1
韦 鹏					2
文吕莎					1
李 斌					1
韦慧姿					1
唐廷杰					1
李启鹏					1
曾日春					1
莫宏胜					1
庞庚晖					1
梁尚尉					1
王乃贤					1
唐少瀛					1
黄新雄					1
李晓升					1
韦林滨					1
朱海萍					1
潘雪梅					1

续表

单位	顺安村委	顺安小学	大兴卫生院	县司法局	广西投资集团
唐毓森					1
杨秋红					1
黄文彩					1
胡蓉					1
周保林					1

注：帮扶对象包括继续跟踪帮扶的2015年退出户、2016年脱贫户、2017年预脱贫户、2018年未脱贫户、2014年退出返贫户、2015年退出返贫户、应纳尽纳贫困户及整屯搬迁应纳尽纳户。其中村委班子帮扶对象为2015年退出户，按照相关精神，不需每月填写帮扶手册，按要求完成其他帮扶任务；其余贫困户均需要帮扶干部或代入户人员每月填写帮扶手册等帮扶任务。

统筹好扶贫信息档案建设。抓程序、抓质量、抓进度进行精准扶贫的同时，进一步强化档案建设管理，及时、规范、完整地整理收集归档精准扶贫档案资料。都安县精准脱贫攻坚指挥部和各乡镇把档案管理工作列为一项重要内容，从开始、从平常、从细处、从一而终，常态化地抓精准扶贫档案管理。要求专人专责、专人专管，形成运作有效的档案管理工作机制。明确由一名领导分管、一名专职人员专管整个精准识别档案资料的收集整理归档，特别是落实好村级档案员，形成了组织上有保证、分工上有专责，层次分明、运作有效的档案管理工作机制。填写帮扶手册，手册一式两份，一份由贫困户保管，一份由帮扶联系人保管（或委托代管）。两本手册平时同时记录，每个月对接一次，需核对所有信息，两份数据一致，不能遗失，以备检查和考核用。收入登记表必须每月填写1次，均由帮扶联系人和贫困户同时签字按手印确认，帮扶联系人如无法前往，可由本单位同事、贫困村党组织第一书记、驻村工作队员在收入登记表上代为登记并签字按手印确认。贫困户家中留守人员如有不识字的，可仅按手印确认；对长期无人在家的，可由该户亲戚或邻居在取得该贫困户同意后代签，并按手印确认。驻村工作队每年1月上旬将本村上年脱贫的"贫困户收入登记表"复印1份交由乡（镇）政府存档备查，并由各乡（镇）将"贫困户收入登记表"的内容录入数据库。每年的"帮扶手册"必须于次年1月上旬前填写完整，2月底前由县（市、区）扶贫开发领导小组组织各乡（镇）自查和互查。帮扶联系人有调整的，"帮扶手册"交由接替人员保管。各贫困户房前须公示帮扶联系卡。

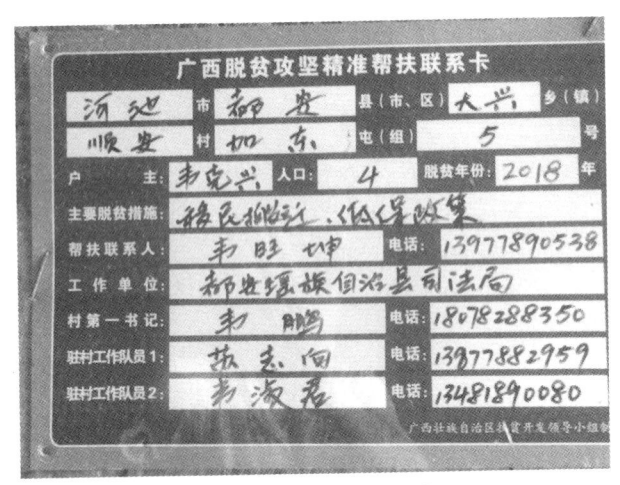

图3-1 农户帮扶联系卡

（廖永松拍摄，2017年4月）

3. 监督通报

建立了年度脱贫攻坚报告制度和逐级督查制度，由县纪委牵头组成督查组，由纪委书记担任组长，采用明察暗访、不打招呼直接到基层的方式，随机抽查、重点督查、专项督查，从快、从紧、从严督查并进行定期通报，将督查发现的问题每 10 天向县党委报告 1 次，紧急情况及时报告，每个月印发 1 期督查通报，提升执行力。① 规范资金使用管理，严格执行《财政专项扶贫资金报账管理实施细则》，以脱贫摘帽为目标，围绕扶贫发展规划、年度实施计划、项目实施平台和重点工作任务，确定财政扶贫资金使用方案，② 以贫困人口为主要扶持对象，重点用于支持贫困地区改善生产生活设施条件、扶持贫困户发展生产和提高劳动技能、为贫困户提供金融支持以及必要的扶贫规划编制和项目。按照"项目跟着规划走，资金跟着项目走，监督跟着资金走"的原则，建立完善扶贫项目立项、审批、实施、验收、评估等管理制度。全面加强扶贫项目管理，严格执行项目公开制、管理责任制、考核奖惩制，做到项目审批有实施方案和资金使用预算，项目实施有技术指导、规定标准和工程进度报表，项目竣工有质量验收登记和后续管理措施，把扶贫资金安排与减贫成效挂钩，加大按扶贫成效分配资金的比重。完善公告公示制度，对扶贫资金使用情况进行监督、检查，确保资金安全和规范运行。2016 年全县财政专项扶贫资金 4.18 亿元，支出总额为 4.11 亿元，支出进度为 98.3%，专项资金运行安全高效。

---

① 2016 年 10 月 4 日，大兴镇党委、政府因推动脱贫攻坚不力受到严厉问责，大兴镇党委政府在全县被通报批评，党委书记诫勉谈话，镇长和分管扶贫的副镇长停职，并对相关责任人进行问责。
② 各级财政、扶贫部门要严格按照《广西壮族自治区人民政府办公厅关于印发自治区支持贫困县开展统筹整合使用财政涉农资金试点实施方案的通知》（桂政办发〔2016〕80 号）和《广西壮族自治区财政专项扶贫资金管理办法》（桂财农〔2014〕272 号）的有关要求。

二　政策措施

国务院印发的"十三五"脱贫攻坚规划描绘了全国五年扶贫攻坚蓝图，做了科学翔实的顶层设计，是指导各地脱贫攻坚工作的行动指南，是各有关方面制定相关扶贫专项规划的重要依据。都安县根据中央总的扶贫方略，科学规划，合理论证，根据各乡镇、各贫困村的资源优势，把产业项目与农民意愿、"造血式"扶贫与"输血式"救济、近期脱贫与长远致富相结合，因人因地安排项目、因贫困原因安排项目、因贫困类型安排项目。以"主攻资金投入、产业扶贫、易地扶贫搬迁、基础设施建设"和"守好教育保障底线、医疗保障底线、生活保障底线"为抓手，强力推进十大脱贫行动。①产业发展：因地制宜发展葡萄、核桃、火龙果、林下经济、禽畜养殖等产业，大力推进"贷牛还牛"工程。②扶贫移民：把居住在自然条件恶劣的山区人口搬到有发展条件的城镇。③转移就业：2016年转移就业3.5万人，与对口扶贫单位深圳市宝安区的企业联系，提供用工信息，促进就业。④生态补偿：90%的贫困户能享受生态公益林补偿，户均290元。⑤实施教育扶贫：基本满足全县学生能上学和上好学需求。⑥医疗救助：提升公共卫生服务能力。⑦民生保障：精准识别50分以下贫困人口，能纳入低保的全部纳入低保。①⑧金融扶贫：引导金融资源向

---

① 2016年农村居民低保标准为年人均收入2580元。

扶贫龙头企业、农民专业合作社、贫困户倾斜，3年内受益户年收益达4000元。⑨回乡创业：引导农民进都安县城创业园，打造回乡创业孵化基地。⑩加强基础设施建设：资金在50万元以下的项目由乡镇组织实施，不需评审。

顺安村的扶贫工作，是在都安县委、县政府的统一安排下开展的，基本思路是发展特色产业，激发村域经济活力，增加集体经济组织实力，组织好易地搬迁工作，通过教育、医疗、低保等措施，确保扶贫目标的实现。

第二节　产业扶贫

顺安村全村原有耕地面积1654.34亩，全部为旱地，因青壮劳力外出务工，耕作难度大的石漠化耕地已大部分抛荒，当前仍在耕作的约700亩。农户除了小规模种植玉米、黄豆、蔬菜，散养些鸡、猪、羊、牛外，需要发展特色产业。按都安县委、县政府产业扶贫政策长短期相结合原则，正在规划的产业有特色种养业、旅游业等新业态。发展顺安村集体经济是贫困村顺利摘帽的一项重要考核指标，村里的基本想法是利用村集体所有的资源、帮扶单位扶持资金、村集体经济收入发展资金，采取自主经营、入股合资等模式投入产业项目，产生经营利润、股金分红等集体经济收入，力争2017年村集体经济收入达 2 万元以上，逐年提高，到 2020 年达 10 万元以上。①

一 特色种植业：种桑养蚕

种桑养蚕效益好，见效快，非常适合作为村集体经济短期投资项目。种桑养蚕在顺安村有群众基础，得到县、镇党委和政府的大力支持，农户有较丰富的养蚕经验。在顺安村发展种桑养蚕，村民不仅获得土地流转租金，而且参与种桑养蚕产业发展的全过程，获得更多的收益。2018年全村规划种桑 500 亩（其中村集体发展种植 400 亩），2020 年扩大到 1000 亩（其中村集体发展种植 600 亩）。通过引进都安万有茧丝绸有限公司（以下简称万有公司），流转土地 400 亩种桑，利用荒地建设 4000 平方米标准化养蚕大棚。养蚕大棚产权归村集体所有，由村委会出租给万有公司，该公司自主经营管理种桑养蚕各项业务。万有公司优先使用顺安村贫困户或其他村民作为其种桑养蚕的主要劳动力，同时负责租养蚕大棚期间的维护、维修。其次是"贷资"，本村能人组织成立专业合作社，推动本土

---

① 2012 年，都安县曾发动全县发展核桃产业，但当地气候不太适合，种植以后生长缓慢，部分项目失败；后来发展甘蔗产业，也失败。扶贫产业政策成功与否，尚待观察。对所有农户的农业支持保护补贴标准 2016 年为每亩 102.75 元。国家层面补助国家级生态公益林，广西壮族自治区层面补助自治区级生态公益林。权属国有的国家级公益林，每年每亩补助 10 元，其中管护补助支出 9.75 元，公共管护支出 0.25 元；权属集体和个人的公益林，每年每亩补助 15 元，其中管护补助支出 14.75 元，公共管护支出 0.25 元。公益林补贴最高的在弄歪，一户公益林面积有 298.5 亩，年补贴可达 4179 元。村里原有两个小组没有公益补贴：福兴小组有农户到县里上访，县里给福兴小组补贴了 2500 元，加吉小组没有得到任何补贴。

农民专业合作社将产业发展壮大。①

项目概算总投资 160 万元,其中 80 万元(含实物,如桑苗等)由万有公司投资,广西投资集团② 申请帮扶资金 50 万元;另外 30 万元从政府拨付给顺安村发展村集体经济的 50 万元预算资金中列支。2017 年 9 月开始实施,利用两个月的时间与农户签订土地流转协议,并由万有公司提供桑苗建设桑园;2017 年 11 月平整场地开始建设养蚕大棚,到 12 月底建成;2018 年上半年进行桑园管护、养蚕技术培训及养蚕大棚功能完善等;到 2018 年下半年可开始养蚕。据保守测算(成本就高,价格就低),400 亩桑田在 2018 年可获得收入 56.8 万元,扣除前期固定投入后,不产生净收益;2019 年后每年可产生纯收入 205.6 万元,其中村集体经济收入可达 26 万元,万有公司年平均利润估计有 65 万元。

二 特色养殖业

目前,顺安村实施贷牛还牛项目,已向符合条件的贫困户发放牛犊 26 头。政府鼓励贫困户优先发展瑶山牛养殖,不适宜发展瑶山牛的,可选山羊、跑山鸡产业。如贫困户同时发展瑶山牛、山羊、跑山鸡产业,政府只补助其中一项。

---

① 金融扶贫过程中有几十户写了养殖融资需求,最后都没有批准,而是通过每年 4000 元收益的方式由公司贷款,农户获得收益。银行对贷款要求过高,不愿意批准,需要县财政收入做担保,县政府不同意,最后转化成公司担保形式。已获得扶贫小额信贷的建档立卡贫困户,对于 5 万元以下、3 年以内(含 3 年)信用贷款给予免抵押、免担保、按基准利率财政全额贴息。

② 顺安村是广西投资集团的定点帮扶单位,有帮扶资金投入。

(一)养猪

都安县顺安山峰养殖专业合作社成立于2016年6月20日,位于顺安村弄吊小组。合作社法人代表是顺安村人,外出务工有积累后,辞职回乡创业,组织成立生态养殖合作社。合作社养殖场面积5000平方米,固定资产投资超过30万元,已建成并投入使用面积1500平方米,包括22个猪圈、1个100立方米的环保沼气池。母猪定位栏两组共计20个,正在建设。合作社目前养殖母猪80头、肉猪20头。合作社有专业养猪技术,养殖场远离民居,有稳定的销售渠道,可带动顺安村生态养猪业不断发展壮大,带领群众增收致富。

设想从50万元村级集体经济发展资金中将20万元转贷给本村专业合作社,每年收取5%的利息作为顺安村村民合作社的收入,20万元的本金三年回收,第四年酌情再定是否再贷。此项模式待集体经济发展资金下拨后即可实施。计划合作社社员35户,带动贫困户社员33户。合作社带动贫困户的模式为向贫困户提供小母猪让其养殖培育小猪,合作社回收小猪育肥出售。按照每头母猪一年产两窝小猪,每窝10头,每头收入500元、利润200元计算,贫困户每年收入10000元,利润(纯收入)4000元。[1]

---

[1] 农村合作社政策在变化中,据调查,政府原计划支持合作社发展的20万元贷款资金没有获得批准,贫困户加入合作社计划的实现有困难。实际上,全国各种合作社很多处于这样的状态。顺安村原准备成立6个合作社,并到工商局注册登记,实际上只有山峰合作社在运行。政府承诺的优惠政策没有落实,山峰合作社最后也只是1户农户在经营,其他农户并没有实质性参与,养殖规模没有达到预期目标。

（二）养牛

养牛是都安县委、县政府重点支持的用于扶贫的产业之一，主要有支持龙头企业和发展合作社两种形式，补贴名目多，政策较复杂。政府提供良种牛犊（当前政策暂时将易地安置的贫困户除外）并扶持养牛贫困户进行牛舍改造。发放的牛犊以小母牛为主，由群众自繁自养，滚动发展。

（1）龙头企业带动贫困户方式。据说这家龙头企业的本部在山东，是由县政府引进的，课题组未能了解到这家企业的具体情况。据村干部介绍，一头牛的饲养周期为12个月，出栏体重600公斤，龙头企业按20元/公斤进行保底回收，饲养成本以2880元/头计算，每头产值12000元，净利润9120元（含由政府提供的牛犊本金）。政府根据贫困户的需求，按市场价向龙头企业购买牛犊交由贫困户饲养，在肉牛出栏后由政府收回牛犊本金。龙头企业为贫困户提供饲养技术，并与贫困户签订回收肉牛协议书。肉牛出栏收购价格按市场定价，如市场价格低于20元/公斤，由政府提供补贴，企业按保底20元/公斤收购。为降低贫困户养牛风险，政府为养牛贫困户提供养牛保险，每头牛保险费500元，贫困户饲养的牛犊出现意外死亡、保险理赔完毕后，可补领养一头牛犊。已享受金融扶持待遇的贫困户，政府提供一头价值相当于4000元的牛犊，如牛犊价格超过4000元，在肉牛销售后由政府收回超过部分的资金，其余收入归贫困户所有。未享受金融扶持的贫困户销售肉牛所得收入的计算方法：出栏时体重×市场价或保底价－牛犊价格。每户贫困户补助1500元修建栏舍等生产设施。

（2）合作社带动贫困户。2016年7月成立都安顺安武武养殖专业合作社，合作社有社员5户。该专业合作社的法人代表石武武为2015年的建档立卡贫困户，通过养牛及务工等增收，于2016年脱贫。2016年，通过小额信贷及其他借资方式成立合作社，该合作社已建设标准牛舍约1000平方米，种植牧草15亩，2017年10月合作社自养10头牛。石武武不仅自己脱了贫，而且成立合作社带动其他贫困户脱贫，其脱贫致富的内生动力已激发出来。顺安村将引导40户其他贫困户加入该专业合作社，规划2017年底该合作社牛存栏量达到50头，2018年底达到100头，种植牧草50亩。

对于那些没有能力（无劳动力）或主要劳动力外出务工的贫困户，引导他们以"租栏寄养"的模式养牛：贫困户向政府"贷牛"，以政府补助修建栏舍的1500元资金向专业合作社租赁养牛栏位，将牛寄养在合作社，把土地流转给合作社种植牧草，由专业合作社统一经营管理，实现标准化、规模化养牛，参与合作社分红。作为顺安村贫困户具有强烈脱贫愿望与行动的代表，通过"租栏寄养"，使顺安村养牛产业向专业化、规模化方向发展，既可以实现劳动力等资源的分工优化（少数专业人员养牛，多数剩余劳动力劳务输出，无劳动力贫困户也能获得收益），又可避免环境污染（专业牛舍有完善的粪尿处理设施）。

（三）养羊

养羊有两种形式：贫困户自养和龙头企业带动。预期一只羊的饲养周期为18个月左右,按出栏体重35公斤/只、销售价格40元/公斤、饲养成本800元/只计算,出栏每只山羊产值1400元,纯利润为600元。

对于贫困户自养的补助方式,贫困户自养都安山羊或澳寒羊5只以上,种羊体重为每只25~30公斤,总体重超过100公斤的,政府每户补助4000元;对于龙头企业带动贫困户的补助方式,政府根据贫困户的需求,按市场价向龙头企业购买5只种羊(总价值4000元)交由贫困户饲养,品种为改良的都安山羊或澳寒羊,每只种羊体重为25~30公斤,总体重超过100公斤的,在肉羊出栏后由政府收回种羊本金并滚动发展。龙头企业为贫困户提供饲养技术,并与贫困户按市场价格签订回收肉羊协议书。肉羊出栏收购价格按市场定价,如市场价格低于30元/公斤,由政府提供补贴,企业按保底30元/公斤收购。

不管哪种饲养方式,每户贫困户补助1500元以修建栏舍等生产设施。对于已享受金融扶持待遇的贫困户,政府提供价值相当于4000元的4只种羊,种羊价值超过4000元的,在肉羊销售后由政府收回超过部分的资金,其余收入归贫困户所有。对于未享受金融扶持待遇的贫困户所出栏的肉羊收入计算方法是,出栏肉羊总收入减去种羊本金。

(四)养鸡

"跑山鸡"的饲养周期为6个月,按出笼体重2.5公斤/只、销售价格30元/公斤、饲养成本大约为45元/只计算,出笼一只"跑山鸡"产值 75 元，纯利润 30 元。预脱贫贫困户饲养 100 只跑山鸡以上的，政府按 2000 元/户标准进行补助。全村目前已发展了近 10 户。

第三节　易地搬迁和外出就业

"石山王国"都安，"碗一块，瓢一块，丢个草帽盖两块"的耕地分散在千山万弄之中。人地矛盾突出春旱夏涝，一粒粮食十滴汗，依旧食不果腹。易地搬迁和外出就业是都安县历来摆脱贫困的最主要措施。2015 年顺安村有 11 个村民小组 142 户 581 人（包含已自主移民的 37 户 160 人）居住在深山中，且十分分散，土地贫瘠，不适合生存，易地搬迁和外出就业是必然选项。

一　易地扶贫搬迁

易地扶贫搬迁指对生存和发展环境恶劣地区的农村人口实施易地搬迁安置，以根本改善其生存和发展环境，实现脱贫致富。易地扶贫搬迁对象是指按照国务院扶贫办农村建档立卡贫困人口大数据平台识别核定的，并纳入全国和广西"十三五"易地扶贫搬迁规划的农村建档立卡贫困人口。

（一）都安易地搬迁有传统

20世纪70年代开始，都安就通过政府组织和群众自发相结合的办法，向广西九曲湾农场、北海独江岭军屯农场和三合农场等进行移民。1993年，根据广西壮族自治区贫困地区部分群众易地安置精神，都安再一次大规模向山外移民。1998年底，被称为"世纪大迁移"的3万人大举迁到广西环江毛南族自治县。都安是劳务输出大县，每年有十多万人外出务工、经商，一部分有技术、有资金、有创业意愿的务工、经商人员非常渴望到县城居住。2005年，都安根据这一特点，决定深化"无土安置"模式①，把扶贫和城镇化建设结合起来，在县城附近的荒凉地建设了六处安置点，创建"农民工回乡进城创业园"。2012年，都安计划用7年时间，征地近6000亩，以"整弄搬迁"的方式，把分散居住在偏远、自然条件恶劣的自然屯，以及生态严重退化区域的22332户约10万贫困人口，集中安置到交通比较便利、地缘优势比较明显的澄江镇红渡村、兰堂村和安阳镇安阳社区，通过城镇辐射、配套工业扶植。2015年5月，都安扶贫生态移民与新型城镇化建设项目——红渡扶贫生态移民园区第一期工程启动，这个园区占地16平方公里，依托河池·都安临港工业区和都安扶贫产业园的兴建，规划安置10万人。政府的设想是，这10万生态移民将有力推动都安城镇化建设，同时为河池·都安临港

---

① 原来每安置一批贫困户，就需要一大块宅基地和耕地，这叫有土安置。"无土安置"指政府无偿分给搬迁户宅基地，但不配置耕地，搬迁户自筹资金建房并通过从事二、三产业生活。

工业区企业提供优质稳定的劳动力。

"十三五"期间,广西需要易地扶贫搬迁100万人,都安县需要易地扶贫搬迁12480户52414人,其中2016年有2111户9720人,2017年8513户35899人,2018年1856户6795人。

(二)顺安村易地搬迁规模

根据都安《精准脱贫"十个一批"人数分解表》,顺安村通过易地安置脱贫的人口为440人,其中规划整屯搬迁巴卜、弄另、加翻、弄帮、弄歪、加东、弄蕉、弄风村民小组,共计8个村民小组94户400人(含建档立卡贫困户48户215人,五保户5户6人;2015年,通过政府引导,贫困户8户35人、非贫困户32户141人已自主移民搬迁,搬迁贫困户3户18人及五保户3户3人集中安置)。2017年,规划的搬迁规模为86户359人(含五保户2户3人、同步搬迁贫困户1户3人),至2017年11月,已完成搬迁45户193人(见表3-2)。

表3-2 顺安村移民总体规模

单位:户,人

年份	贫困户 户数	贫困户 人口	五保户 户数	五保户 人口	非贫困户 户数	非贫困户 人数	其中自主移民 贫困户 户数	其中自主移民 贫困户 人口	其中自主移民 非贫困户 户数	其中自主移民 非贫困户 人口	同步搬迁 非贫困户 户数	同步搬迁 非贫困户 人口	小计 户数	小计 人口
2015	3	18	3	3	0	0	8	35	32	141	0	0	46	197
2017	83	353	2	3	1	3	0	0	0	0	1	3	86	359
合计	86	371	5	6	1	3	8	35	32	141	1	3	132	556

（三）政策要点与争议

易地扶贫搬迁是一个复杂的系统工程，对易地扶贫搬迁的相关政策，县精准脱贫指挥部有专门的政策解答，政策总的目标是实现移民"搬得出、稳得住、可发展、能致富"，争议的要点是支持谁搬迁，贫困户搬出后生活、就业能否有保障，如何有效利用贫困户在村里的宅基地、自留地、所承包土地以及生态林等问题。

在支持谁搬迁的问题上，按规定，需要与建档立卡贫困户同步搬迁的其他农户，由各乡镇按原则上不超过本地建档立卡贫困人口搬迁规模10%的比例确定。国有企业工人、干部、教师和各类技术人员，不能列为搬迁人口。除非是整屯搬迁或受地质灾害影响，搬迁家庭人口数要求在3人以上，不足3人可合户搬迁，2人以下所占比例不超过5%，每户必须有1个以上劳动力，在原居住地没有住房。但问题是，贫困户就业能力差，有不少不愿意搬迁，而村里在外务工的非贫困户，有意愿搬迁但政策又不鼓励搬迁。现实中出现了"不愿意搬迁的政府用尽办法让他们搬迁，而想搬迁的政府又不鼓励搬迁"的尴尬局面。在易地扶贫搬迁中，经常遇到扶贫的悖论问题。扶贫干部从社会发展的长远视角，认为一些生态环境恶劣的贫困户搬迁符合他们的长远利益。但是，由于信息不对称、认识事物的能力限制，贫困户并不认为帮扶干部在"帮"他们，而且非常抵触移民搬迁。在这种情况下，如何行事才符合正义原则？

搬迁后原有旧房根据土地增减占补平衡原则需要拆除复垦和调整利用，以实现搬迁项目县建设用地总量不增加，耕地面积不减少、质量有所提高的目标。由于要拆除旧房，贫困户的宅基地需要退出（每户给不低于2万元的奖励），即使搬迁贫困户还有土地承包权，但居住地与耕地距离遥远，很难再在村里就业。同时，进城后生活成本上升，对于谋生能力本就不高的贫困户来说，是一个巨大挑战。随着村内交通条件改善，山弄里生态环境变好，如果可以发展休闲旅游或民宿，山村里的原住房和生活环境的价值会大大提升，搬出户的预期成本就可能更高。村里如何利用原有旧房以及流转出的耕地、林地，都需要合理解决。①

---

① 2017年9月课题组驻村时对贫困户搬迁意愿进行了调查，有的农户愿意搬迁，有的农户不愿意搬迁。(1) 第1户，因为担心进城后没工作，适应不了城镇生活，老了没有人管；另外担心政策有变，现在居住的地方空气好，因此不愿意搬迁，政府免费给他们房子也不搬迁。(2) 加东屯的1户需搬迁户根本不愿意见干部，以为我们去座谈就是为了动员他们搬迁，因此态度非常冷淡。他们不愿意搬迁，因为在城里没事干。(3) 加东屯最远的1户则希望搬迁，而且越早越好，因为他年岁大了，在山里生活极为不变。(4) 加东屯的一位老师，家有老母，房屋已快倒塌，希望能搬到城里，因是非贫困户，只能随屯整体搬迁，但屯里一些贫困户不愿意搬迁，他也只能在村里修建房子。(5) 有的村干部想搬迁，但不是贫困户，享受不了政策扶持。一些贫困户缺少城镇生活技能，干部一再做动员工作也不愿意搬迁；而那些能力强，能够适应城镇生活的农户（非贫困户），即使很想搬到城里，政策又不鼓励。易地扶贫搬迁的结果成了想进城的政策不支持，不想进城的政策又强加。政策上是否可以换换思路，鼓励那些有能力进城的非贫困户进城，将他们在农村的土地资源转让给那些不愿意进城的贫困户，这样就可顺应经济发展需求，优化资源配置，而又不违背城镇化的基本规律。

二 就业扶贫

对于人多地少的顺安村村民,外出务工是脱贫的关键,而贫困户普遍缺乏技术、技能。只有掌握一技之长后外出务工,才能获得稳定的收入,实现脱贫目标。

（一）人多地少,外出务工

初步统计,2017年顺安村全村外出务工、经商劳动力有700人。在调查的60户的访谈人口中,有16人就近在乡镇内务工,有1人在县外省内务工,另有1人在省外务工,在家务农的有42人（见表3-3）。外出务工人员很难成为访谈对象,样本主要是在家务农和就近务工人员。调查期间有个别县外务工人员返乡在家,共抽查到2人。在乡镇内务工6个月以上的只有4人（见表3-3）。这再一次说明精确调查农户收支很困难,因在家的人员很难准确知道外出务工人员的收支情况。

表3-3 顺安村访谈对象2016年就业情况

单位：人

就业形态	3个月以下	3~6个月	6~12个月	无	合计
乡镇内务工	7	5	4	0	16
县外省内务工	1	0	0	0	1
省外务工	0	1	0	0	1
在家务农	0	0	0	42	42
合计	8	6	4	42	60

样本户中没有外出务工人员的家庭有26户,有1人外出务工的有18户,有2人外出务工的有13户,有3人外出务工

的有2户，有5人外出务工的有1户。从是否贫困户的角度看，有50%的一般贫困户、33.3%的低保户、40.9%的低保贫困户、41.7%的脱贫户、45.5%的非贫困户家里没有劳动力外出务工（见表3-4）。也就是说，建档立卡贫困户与非贫困户从家庭外出务工情况看并没有显著差别。村内人均耕地少，没有非农产业，农户家庭收入来源主要是外出务工，农户收入差异来源于家庭外出务工人员的收入差异。从外出务工角度看，现有的以家庭常住人口收支水平为判定贫困标准的识别机制会受到强烈挑战。从扶贫脱贫的目标看，增加农民收入，除了充分开发利用村内资源、发展村内产业、增加村民就业和创业机会外，主要还需支持和鼓励农民外出就业，增加非农收入。中国的工业化和城镇化进程远没有结束，只是经济发展的空间格局在发生变化，可以说，对于资源匮乏的山村来说，劳动力进城务工，增加就业机会，是这类村庄最重要的扶贫方式。

表3-4 顺安村样本户2016年家庭劳动力外出务工情况

单位：户

类型	0	1人	2人	3人	5人	合计
一般贫困户	6	4	2	0	0	12
低保户	1	1	1	0	0	3
低保贫困户	9	7	4	1	1	22
脱贫户	5	2	4	1	0	12
非贫困户	5	4	2	0	0	11
合计	26	18	13	2	1	60

（二）支持培训，提高就业技能

为支持建档立卡贫困家庭中年龄在 15~22 周岁的未婚初、高中毕业生（简称两后生），包括所有贫困家庭子女和农村转移就业劳动力，提升就业技能，自治区财政厅会同人社厅出台专项支持政策，要求全区各级财政加大就业补助资金、扶贫专项资金等的投入力度，支持贫困家庭"两后生"参加职业培训，促进其实现就业脱贫。根据政策精神，贫困家庭"两后生"可根据培训意愿、就业需求和劳动能力，选择参加中期就业技能培训、短期就业技能培训、创业培训或中等职业教育，其中，短期就业技能培训、创业培训和中等职业教育按现行有关政策执行。

政策明确规定，符合条件的学员参加为期一个学年（10个月）的中期就业技能培训，培训期间的基本生活费、学费、住宿费和实习材料费等全额由各级财政负担：给予每人每年1.2万元的补贴，其中培训费补贴每人每年6500元，生活费补贴每人每年5500元。培训结束后，学员参加职业技能鉴定并获得国家职业资格证书的，按100%给予补贴；学员参加职业技能鉴定，没有获得国家职业资格证书的，按60%给予补贴；学员不参加职业技能鉴定的，不给予补贴。培训费补贴直接拨付到具体承担贫困家庭"两后生"就业培训的技工院校；生活费补贴由技工院校代为申请，学员户籍所在县财政部门按学期分两次拨付到学员家长的农户一折（卡）通里。参加为期2个月以内的短期就业技能培训，符合条件的按规定给予每名学员720~1500元补贴；参加为期70个学时的创业培训，符合条件的，按规定给予每名学员780~1300元补贴。16~60周岁、有劳动能力的建档立卡扶贫对象参加扶贫部门主办的1~3个月短期技能培训，补助标准为A类3500元／人，B类3000元／人，C类2500元／人，按获得职业资格证学生人数结算培训经费。参加扶贫部门以外的单位主办的技能培训并考取可在网上查证的职业资格证的建档立卡扶贫对象，取得准入类职业证的每人奖励800元，评价类职业资格证的奖励为A类1000元／人，B类800元／人，C类600元／人。从事农业生产经营的建档立卡扶贫对象，参训农民职业培训的每人每天补助50元。

（三）创造条件，增加就业机会

2016年，河池市为解决贫困地区未升学的初、高中毕业生走向社会后由于文化程度低、缺乏就业技能，就业困难、收入偏低等问题，有针对性地启动了建档立卡贫困家庭"两后生""全免费、再补助"的"就业式、预科制"教育培训就业工程。参加培训的"两后生"的学费、生活费等开支由政府买单。接受了1年技能培训的首批76名都安籍"两后生"，在专业知识、实践能力、综合素质方面取得了不错的成绩，成功通过考核、顺利毕业，并在培训学校的牵线下找到工作，其中44人在深圳就业，12人在自治区内南宁、柳州就业，还有10人正在寻找合适的就业岗位。县委县政府对劳务输出十分重视，组织深圳市宝安区50家企业到都安招工。鼓励在外务工有所成就的能人返乡创业，政府制定创业优惠政策，为创业者提供服务保障、技术指导、创业培训等。2016年顺安村内举办农业技术讲座8次，参加农业技术培训5人次，获得县以上证书农业技术人员1人，参加职业技术培训2人次。并将一些就业岗位直接安排给贫困户，比如顺安村在贫困户中选5人当生态护林员，生态护林员实行动态管理，一年一聘。生态护林员的管护对象原则上为村内集体和个人的森林资源，重点是核桃、天然林、生态公益林、退耕还林的生态林。根据乡镇组织管护的范围，合理确定生态护林员的管护面积。生态护林员一年的护林报酬标准为4800元，对于贫困户来说，也是一笔较大的收入。

第四节　教育、医疗、社保兜底扶贫

2015年11月29日《中共中央 国务院关于打赢脱贫攻坚战的决定》中明确提出使建档立卡贫困人口中5000万人左右通过产业扶持、转移就业、易地搬迁、教育支持、医疗救助等措施实现脱贫，其余完全或部分丧失劳动能力的贫困人口实行社保政策兜底脱贫的总体扶贫思路。

一　教育扶贫

国家加快实施教育扶贫工程，使贫困家庭子女接受公平有质量的教育，阻断贫困代际传递。教育部提出率先从建档立卡家庭的经济困难学生入手，实施普通高中免除学杂费、中等职业教育免除学杂费政策，并让未升入普通高中的初中毕业生能接受中等职业教育。建立保障农村和贫困地区学生上重点高校的长效机制，加大对贫困家庭大学生的救助力度。对贫困家庭离校未就业的高校毕业生提供就业支持。实施教育扶贫结对帮扶行动计划。近年来，都安县把脱贫攻坚作为最大的政治任务和民生工程，采取有力措施，加快推进。在落实教育惠民政策方面，2016年全县发放各类助学资金3869.2万元，受惠学生65148人。

（一）义务教育阶段

自2017年起，对在全区义务教育阶段寄宿制学校（含城市、民办）就读的家庭经济困难寄宿生进行补贴。小学生每年每人补助1000元，初中生每年每人补助1250元。义务教育营养改善计划试点县为农村义务教育阶段在校学生（不含县城）补助每人每年800元。对于义务教育阶段辍学的建档立卡贫困户学生，需劝其返回学校学习。比如韦连聪（2003年生），大兴中学初一学生，家庭是贫困户。因学习成绩差，不想再读书，经她的父母、帮扶人、教师多次劝说无果。第一书记和相关工作人员根据教育部门规定，劝返次数达 3 次。①2016 年福兴小组有两个初中生辍学，后经顺安村干部劝学，又重新回到学校。因此，义务教育阶段全村没有学龄阶段辍学的情况。

（二）高中和中等职业教育

具有正式注册学籍的普通高中生，家庭经济困难并已建立高中家庭经济困难学生档案的在校 1~3 年级学生，平均每人每年补助 2000 元，其中一等国家助学金每人每年 3500 元，二等国家助学金每人每年 1000 元。中等职业学校全日制正式学籍一、二年级在校就读的涉农专业学生、在集中连片特困地区的农村户籍学生和非涉农专业家庭经济困难学生，平均每人每年补助 2000 元。

（三）高等教育

进入普通高中家庭经济困难学生档案库，参加广西普通高考，已被高校录取并愿意就读的大学新生可得到相应资助。广西以内院校录取的贫困新生每人一次性补助 500 元，广西以外院校录取的贫困新生每人一次性补助 1000 元。全日制普通高校家庭经济困难的本专科（含高职、第二学士学位）在校学生，平均每人每年补助 3000 元，其中一等国家助学金每人每年 4000 元，二等国家助学金每人每年 2000 元。

---

① 因非经济困难原因，家长、教育部门、帮扶联系人要积极主动耐心做好思想动员工作，动员学生返校就读，按规定教育部门（学校）人员、帮扶联系人劝返次数要达到 2 次以上才算尽责。

(四)主要问题

可以看到,广西对教育扶贫高度重视,在义务教育、高中教育和高等教育阶段,对于建档立卡贫困户家庭孩子教育支持力度极大,对于阻断贫困代际传递将会产生重大作用。而问题主要体现在公平性上,当前贫困户识别的精准性(不论是由于主观故意还是客观约束),难以实现所设想的精准目标,贫困户与非贫困户家庭孩子上大学所能得到的教育支持存在巨大差别:贫困户大学生教育补贴一年高达 3000~4000 元,高中生也在 2000 元以上。如果家中同时有一个高中生和一个大学生上学,贫困户 1 年仅教育补助一项就达 6000 元以上,而很多四口之家的农户年可支配收入不过 1 万多一点,教育补贴一项就达家庭总收入的较高比例。以公平的名义支持脱贫的教育扶贫政策,在农村却产生了新的最大的不公平。

二 医疗保险和医疗救助扶贫

通过实施健康扶贫工程,保障贫困人口享有基本医疗卫生服务,努力防止因病致贫、因病返贫。

(一)村民致病概况

2016 年顺安村 446 户 1798 人,其中建档立卡贫困户 153 户 639 人,因病致贫贫困户有 60 户 242 人。贫困户 2016 年就医 310 人次,其中住院 27 人次。村民患病以骨关节病（外伤）、心脑血管疾病、胃病较为常见，需住院疾病医疗费用较高。60位访谈对象中，身体健康的有30人，患长期慢性疾病的18人，患有大病的2人，残疾的10人（见表3-5）。医疗支出已占家庭支出的很大比例，造成贫困家庭很大的经济负担。

表3-5 顺安村样本户2016年身体健康状况及劳动能力

单位：人

身体健康状况	健康	长期慢性疾病	患有大病	残疾	合计
普通全劳动力	25	6	0	2	33
部分丧失劳动能力	0	2	0	1	3
无劳动能力但有自理能力	5	10	1	7	23
无自理能力	0	0	1	0	1
合计	30	18	2	10	60

（二）扶贫政策

在一个村内，与非贫困户相比，建档立卡贫困户的政策差别体现在以下几方面：①贫困人口参加新型农村合作医疗（以下简称新农合）个人缴费部分由财政给予补贴；②降低贫困人口大病费用实际支出，对新农合和大病保险支付后自负费用仍有困难的，加大医疗救助、临时救助、慈善救助等帮扶力度；③将贫困人口全部纳入重特大疾病救助范围；④加大农村贫困残疾人康复服务和医疗救助力度，扩大纳入基本医疗保险范围的残疾人医疗康复项目范围；⑤建立贫困人口健康卡，对贫困人口大病实行分类救治和先诊疗后付费的结算机制。2016

年都安对农村贫困人口参加新农合的个人缴费部分补助60%，即72元/年。对农村计划生育"独生子女户、依法生育的双女结扎户、计划生育特殊家庭"，参加新农合的个人缴费部分给予全额补助，即120元/年。农村贫困人口大病住院可报销90%以上费用。2016年顺安村参加新农合的有410户数1700人，新农合缴费标准为非贫困户每人每年150元，贫困户每人每年60元，每人相差90元。如果是四口之家，贫困户与非贫困户的缴费标准每年相差360元。

（三）主要问题

医疗救助扶贫是应该只针对贫困户还是全民？简单的逻辑是，既然是扶贫，就只能针对贫困户。在非建档立卡贫困户家庭，有人生了大病，需要几十万元医疗费，成为贫困户。次年可以按政策动态调整为建档立卡贫困户，但医疗扶贫政策只能在建档立卡之后才能享受。这个家庭，次年已不再需要多少医疗费了，就算进入建档立卡贫困户范围，也不能享受太多扶贫优惠政策。于是有的地方进行变通操作，即次年第一季度可以报销上年的大额医疗费。医疗救助扶贫政策事实上成为针对全体农户的政策，是否有必要与建档立卡贫困户挂钩值得研究。

三 低保

实行农村最低生活保障制度兜底脱贫，完善农村最低生活保障制度，对无法依靠产业扶持和就业帮助脱贫的家庭实行政策性保障兜底。

（一）政策

家庭年人均纯收入低于当地最低生活保障标准且家庭财产符合条件的农村居民可享受低保，由县民政局低保办负责办理。理论上，低保家庭补助水平（低保金）=（农村低保标准－家庭人均收入）× 低保家庭人数。但由于农村家庭收入难以测算，广西农村低保实行分档救助，即把低保对象家庭困难程度分成 A、B、C 三档进行救助。一是将完全丧失劳动能力或生活自理能力，家庭生活常年困难的特别困难家庭，列为重点保障户（A 类）；二是由于年老、残疾、患重特大疾病或长期慢性病等原因，部分丧失劳动能力或生活自理能力，家庭人均收入低于当地低保标准且家庭财产符合有关规定的比较困难家庭，列为基本保障户（B 类）；三是其他原因造成家庭人均收入低于当地保障标准且家庭财产符合有关规定的一般困难家庭，列为一般保障户（C 类）。2016 年 11 月，顺安村低保户数 96 户，低保人数 395 人，共计发放低保金 56975 万元。其中，享受 A 类标准（每人每月 175 元）的有 10 户 30 人；享受 B 类标准（每人每月 145 元）的有 73 户 305 人；享受 C 类标准（每人每月 125 元）的有 14 户 60 人。

（二）实际发放情况与争议

对于村民来说，能当低保贫困户是最光荣的事，因为这是一项含金量极高的政策。低保贫困家庭最少的有 1 人领取低保，最多的有 7 人领取低保，也就是说，低保家庭每月最少的可领取 125 元，最多的（A 类低保家庭）每月可领取 1125 元，一低保家庭领取的低保金超过村干部的工资收入，[①] 所以有的村干部说"低工资的人在给高工资的人帮扶"。低保贫困户对于扶贫政策是最满意的，但存在奖懒罚勤逆向激励的弊病。

总之，当把解决贫困户温饱问题的政策变成满足农户子女上学、保障大病医疗、易地搬迁以及低保等高含金量的政策时，扶贫政策已经变异。这种情况下，村里除了少数经济条件好的家庭外，有谁不想争当贫困户呢？在很多农民和地方干部看来，扶贫资金是国家提供的免费资源，谁能得到就是谁的本事，当这样的贫困户并没有什么不道德或丢人的，因为这样的贫困户并不说明贫困户本人没有本事而被村里人看不起。这与市场竞争条件下的贫困是无能的表现很不相同，扶贫政策一定程度上的异化需要调整。实际上，只要把农村的九年制义务教育往后延伸到高中，即成人教育阶段，把老人养老金提高一点，大病保险跟上，其他的很多补贴政策都可考虑取消。九年义务教育制往前延伸，管小孩子的学前教育可能没有向后延伸更有效，因为 15~18 岁的高中（中职）阶段，是一个人价值观形成最为重要的时期，保障

---

① 2016 年顺安村村支部书记由镇团委书记兼任，属于国家正式干部，工资 5000 元/月。村委会工作人员的工资标准：村主任 1050 元/月，村文书 800 元/月，村副主任 800 元/月，村委员 450 元/月。

农民接受高中教育比学前教育的意义更大。这样的政策简单易行，更能得到基层干部和农民的欢迎，农村治理会更加高效。以公平名义制定太多复杂的政策，不仅执行成本高，而且会引发新的不公平。需要将各项政策进行合并、简化。

第四章

贫困治理的终点——精准脱贫

贫困治理的最终目标是让饭不充饥、衣不裹体的人群彻底摆脱贫困，共享社会发展成果，确保人类公平、公正、自由等基本价值理想的实现。从人类历史的长河看，贫困治理是工业革命以后的事。工业革命以前，全球大部分地区大部分人的生活都在今天的贫困标准之下。工业革命所引发的科技进步，彻底改变了人和自然环境的关系，正如马克思所言，科学技术使环境对人类活动的制约大为降低，人不再是环境的奴隶，而要做环境的主人，人要与自然和谐共处，共生共荣。中国是世界文明古国，在原始社会和农业社会，代表着东方文明的最高水平。中国经济曾长期占世界经济总量的1/3。但是，僵化的极权体制使大清王朝没有赶上工业革命的浪潮，近代中国史就是一部贫困、战乱的血泪史。中国共产党领导中国人民建立了新中国,改革开放的春风开启了中国工业化、城镇化和现代化的新征程,中国的贫困治理进入了崭新的历史时期。地处广西都安深山的顺安村,见证了这一历史过程。可以说,迄今为止,世界上还没有一个国家有如此大的组织动员能力,在如此短的时间内实现如此多的贫困人口如期脱贫。到2020年,确保现行标准下832个贫困县、12.8万个贫困村有序摘帽,7000多万贫困人口实现脱贫,这是党对中国和世界人民的庄严承诺,顺安村作为全国重点贫困村的一员,自然不能掉队,必须接受国家的检验和群众的考核。

第一节 脱贫标准与效果

一 脱贫标准

(一)脱贫标准的理论辨析

脱贫标准和贫困标准线是一个事物的不同表达,是根据国家阶段性扶贫目标和财政能力确定扶贫对象及其规模的依据,是实现公平与效率、选择有效政策工具的基础。以基本需求定义贫困,需要定义贫困线;以能力定义贫困,需要借助多维度贫困指数来测量贫困水平。我国2011年的扶贫标准，考虑到此后很长时期内农村扶贫工作的总体目标，要求到2020年，不仅考虑吃饭、穿衣、住房等基本生存的需要，而且要兼顾部分发展的需要，保障义务教育和基本医疗等需求。按照2020年全面建成小康社会的目标，届时贫困县全部都应脱贫摘帽。这一目标应该能够实现，绝对贫困问题会转向相对贫困问题。扶贫方式对贫困线选择有重要影响，相同的贫困缺口①下，扶贫策略要求能提供的扶贫资源差别很大。2015年，全国扶贫对象的人均纯收入2356元，贫困缺口率17%，补齐缺口所需资金仅258亿元。中央财政扶贫投入数倍于补齐贫困缺口所需的数量，特别是贫困户建档立卡后，如仅着眼于贫困人口脱贫本身，采取社会保障方式直接转移支付所需的资金比现在投入扶贫过程中的资金要少很多。采取开发式扶贫，补齐1元贫困缺口需要数元甚至数十元的投入。扶贫标准用来界定和识别扶贫对象，同时以此为参照，发挥扶贫成效审核、监督和验收依据的功能。从实践看，中国农村扶贫标准、贫困线的变化，总体上服从于国家扶贫战略目标的需要，脱贫标准和贫困线的相对分离。②

---

① 贫困缺口指贫困人口离贫困线的距离，贫困缺口指数指所有贫困人口离贫困线的平均距离。
② 中国社会科学院农村发展研究所课题组：《中国扶贫标准研究报告》（内部稿），2017年3月30日；国务院《关于印发"十三五"脱贫攻坚规划的通知》，明确了"十三五"时期脱贫攻坚总体思路、基本目标、主要任务和保障措施，提出了打赢脱贫攻坚战的时间表和路线图，是未来五年各地区各部门推进脱贫攻坚工作的行动指南，也是制定相关扶贫专项规划的重要依据。全面建成小康社会最艰巨的任务是脱贫攻坚，最突出的短板在于农村还存在大量的贫困人口。

（二）顺安村脱贫标准

顺安村是全国贫困村，全村脱贫有一个考核要求。根据计划，全村2019年要实现脱贫摘帽，脱贫成效要到2020年才能更好地检验，这里把全村脱贫摘帽标准列举出来。

贫困村脱贫摘帽按照"十一有、一低于"标准执行。"十一有"指有特色产业、有住房保障、有基本医疗保障、有义务教育保障、有安全饮水、有路通村屯、有电用、有基本公共服务、有电视看、有村集体经济收入、有好的"两委"班子，"一低于"指贫困发生率低于3%。

1. 有特色产业

以行政村为单位，同时满足以下两个条件：①有1~3种特色产业（在县确定的2~5种特色产业中选定），且覆盖全村60%（含）以上贫困户（无劳动能力或主要劳动力长期外出务工的贫困户除外）；②有农民合作社等新型农业经营主体或产业基地（园）覆盖。

2. 有住房保障

①行政村内98%（含）以上农户有钢混、砖混、砖木、土木或木质结构的住房，房屋主体稳固安全，人均建筑面积13平方米以上，属新建住房（含危旧房改造）的，达到入住基本条件（安装好门、窗等）；②易地扶贫搬迁户，属集中安置的，房屋质量合格并达到入住基本条件（安装好水、电、门、窗等），且已正式交付钥匙；属分散安置的，房屋质量合格并已搬迁入住。

3. 有基本医疗保障

①行政村内98%（含）以上农村居民参加当年城乡居民基本医疗保险（含大病保险）或商业保险等；②贫困人口患病（含慢性病、地方病等大病）就医能得到有效治疗，医疗费在政策规定范围内能得到补助报销，能看得上病、看得起病；③医疗救助政策得到有效落实。

4. 有义务教育保障

①行政村内适龄儿童、少年能接受义务教育且没有因经济困难辍学的；②教育扶贫政策得到有效落实。

5. 有安全饮水

行政村内98%（含）以上农户通过打井，建水柜、水窖，引用山泉水，自来水等方式解决饮水问题且达到安全用水标准。

6. 有路通村屯

①行政村村委会或行政村中心学校所在地，就近连接上级路网或其他乡镇路网，通行政村的道路达到硬化（沥青/水泥）要求，原则上路基宽度不小于6.5米、路面宽度不小于4.5米；20户（含）以上的自然村（屯）通砂石路（含）以上的路，路面宽度不小于3.5米，机动车能通行；②位于自然保护区范围内的道路建设按自然保护区相关规定执行。

7. 有电用

行政村内98%（含）以上农户家中接通生活用电。

8. 有基本公共服务

①行政村村委会有办公场所、宣传栏；②行政村内有

标准化卫生室（乡镇人民政府所在地的行政村可不设村卫生室）；③行政村内有篮球场、文化室（农家书屋）或戏台等；④行政村村委会或行政村中心学校所在地通有线或无线网络宽带；⑤城乡居民养老保险参保率90%（含）以上，60周岁（含）以上参保老年人100%享受养老保险待遇；⑥符合当地农村低保条件的贫困户纳入农村低保范围。

9. 有电视看

行政村内98%（含）以上农户有电视机或电脑或智能手机，能收看中央和广西电视频道或上网，了解中央和自治区方针政策、新闻信息。

10. 有村集体经济收入

①行政村有村民合作社，依托村集体所有的资源、资产和资金，采取自主经营、合作经营、入股、租赁、劳务服务等形式，获得稳定的收入；②2017年村集体经济收入达2万元（含）以上并逐年提高，到2020年达5万元（含）以上。

11. 有好的"两委"班子

①行政村"两委"班子能较好地履行职责，较好地完成脱贫攻坚任务；②"两委"班子没有自治区党委组织部《关于印发〈关于推行农村基层党组织"星级化"管理的方案〉的通知》（桂组通字〔2016〕32号）中所列举的软弱涣散村党组织的12种情形，或者已经整顿到位。

12. 贫困发生率低于3%

贫困发生率低于国家规定的3%标准。

（三）贫困户脱贫标准

顺安村贫困户脱贫标准是都安县根据中央和广西的脱贫标准制定的，简单来说，就是"八有、一超"。"八有"指有收入来源、有住房保障、有基本医疗保障、有义务教育保障、有路通村屯、有饮用水、有电用、有电视看，"一超"指年人均纯收入超过国家扶贫标准。

1. 有收入来源

指有劳动能力的家庭，具备下列条件之一的视为达标：①人均耕地 0.5 亩（含）以上；②人均山林地 1 亩（含）以上；③有经营场地等稳定的资产性收入；④有养殖收入；⑤家庭成员中有外出务工半年以上或自主创业有收入能解决生产生活的；⑥有其他收入，或享受最低生活保障政策，有最低生活保障的，视为达标。

2. 有住房保障

指有砖混或砖木或土木或木质结构的住房，房屋主体稳固安全，无倒塌危险，人均住房面积 13 平方米以上（包括厅堂、厨房、卫生间等生活附属房屋面积）；新建且已完成工程量 50%（含）以上、半年内可以完工的，视为住房；属于易地扶贫搬迁的贫困户，以县（市、区）人民政府确认的搬迁安置房及面积为准。

3. 有基本医疗保障

指家庭成员均参加新农合或城镇居民基本医疗保险。

4. 有义务教育保障

指适龄未成年人可以接受义务教育，没有因贫辍学的适龄未成年人（因重度残疾等原因不能正常上学的除外）。

5. 有路通村屯

即20户（含）以上的自然村（屯）通砂石路（含）以上的路，机动车能通行。

6. 有饮用水

指通过打井，建水柜、水窖，引用山泉水，自来水等方式解决饮水问题。

7. 有电用

指家中接通生活用电。

8. 有电视看

指家中有电视观看（个别特殊贫困户，家庭100米范围内有电视机，能解决收看电视的问题，或身体原因不能收看电视而家庭无电视机的，经县扶贫开发领导小组研究同意，可视为该项达标），能收看中央或广西电视频道，了解党和国家方针政策、新闻信息。

9. 家庭年人均纯收入

即家庭年人均纯收入超过国家现行扶贫标准（2010年2300元不变价）。

第二节 脱贫效果与考核

各项政策措施实施后，对贫困户的作用如何，需要有考核、监督机制。2016年4月，国务院印发了《关于建立贫困退出机制的意见》，指出贫困村退出以贫困发生率为主要衡量标准，统筹考虑村内基础设施、基本公共服务、产业发展、集体经济收入等因素。原则上贫困村贫困发生率降至2%以下（西部地区降至3%以下），在乡镇内公示无异议后，可公告退出。

一 脱贫效果

2016年都安县贫困人口减少38237人，贫困发生率从19.79%下降至14.26%；19个贫困村按照自治区标准实现整村摘帽，通过了各级市、自治区评估和国家的第三方评估。[①]顺安村的脱贫攻坚工作正在有条不紊地进行，各项扶贫措施正逐步产生效果。有的措施产生的效果是短期的，有的措施产生的效果是长期的、普适性的，对贫困户收入增长、能力提升乃至区域经济社会发展的效果还需综合考察。除了如期完成脱贫任务外，对于产业扶贫、基础设施建设、文化和基层组织建设效果不能过于急躁、追求眼前利益。那是一项久久为功的百年大计，需要从长计议，脚踏实地，从有利于村域经济可持续发展的方向制定规划和发展措施。从前期来看，顺安村各项扶贫措施取得的效果表现在以下几个方面。

---

① 2017年2月都安县政府工作报告。

（一）基础设施特别是村道得到较大改善

顺安村地处深山区，建设基础设施以满足群众发展需要是民心工程。自驻村以来，第一书记在政府的领导下花大力气为建设该村的各项基础设施奔走，取得了令人满意的成绩。①利用中央专项彩票公益金和支持革命老区小型公益设施建设项目资金，硬化村屯道路5条共4.33公里，已全部完工并通过初步验收，共投资143万元，惠及99户422人；利用"一事一议"项目建设3条屯级砂石路7.5公里，目前已验收1条，即将建成2条，投资约80万元，惠及41户179人。道路改造受益人数占总人口的34%，受益对象人均投入达2446元，农民对基础设施建设满意度明显提高。[①]②升级改造顺安村供水系统工程，在高程更高的位置建设高位水池，利于顺安村居住在地势较平的1400名村民用上安全的自来水，更换功率更大的取水泵，按一用一备配置，并配套相应的变压器等设备，改善顺安村的人畜饮水安全。[②]③危房改造。动员有能力自建户进行危房改造，2016年

---

① 顺安村地处深山，到大兴镇的道路在2015年才修通。之前村民需要徒步翻山越岭2~3个小时才能到达镇政府所在地。课题组2017年10月入驻顺安村时，几乎走遍了各山弄、山井和山隘深处的农家，对于"石山王国"才有所感悟。当与村民聊到镇村通路以前他们是如何徒步到镇上赶集或上学时，不少村民眼中饱含泪光，向笔者诉说其中的艰辛。参见附录中"修路的'两派'和说谎的'老乡'"。

② 2016年顺安村获批饮水安全巩固提升改造工程4个项目，包括（1）顺安村村部项目投资25万元，含蓄水池建设、机电设备更换及部分管路铺设；（2）干更点项目投资26.1万元，包括蓄水池和管路铺设；（3）古劳点项目投资8.9万元用于管路铺设；（4）弄龙点项目投资17.4万元，包括蓄水池和管路铺设。村部项目已建成蓄水池，干更点和弄龙点两个项目已在进行蓄水池基础建设，所有项目完工后，顺安村饮水安全将得到可靠保障。

共计进行危房改造 10 户，住建部门拨付危房改造资金 18 万元。

（二）易地移民搬迁有序进行

顺安村动员的 8 个村民小组整屯搬迁，连同其他零星搬迁的村民小组，共规划移民搬迁 84 户 356 人，已动员报名 81 户 344 人，目前均在审核阶段，另有 3 户 12 人不愿搬迁，仍在不断深入动员中。

（三）产业发展初见成效

蚕桑业、养殖业以及旅游业等产业正在规划建设过程中，已初见成效。全村蚕桑种养、奶牛、养猪业正在发展推广过程中。

（四）贫困户按计划脱贫

由于各项扶贫措施的施行，顺安村经济社会有了较大变化。贫困户收入和生活水平有所提高，基础教育更加普及、稳定，义务教育阶段没有因贫失学现象，提高了高中教育和大中专学生教育的补助力度，极大地改善了贫困户家庭的教育条件。提升了贫困户的自我发展能力，为贫困户可持续脱贫奠定了基础。2014~2017 年，全村已实现 92 户脱贫，并通过都安县扶贫领导小组的验收。

表 4-1 2016 年顺安村村级扶贫资金投入与受益人口

单位：万元，人

项目	财政专项资金	行业资金	社会帮扶资金	群众自筹资金	受益人口
村级道路	148	0	0	24	1000
饮水安全	2.7	0	0	0.6	15
电力保障	0	0	0	1.1	12
危房改造与居住环境改善	44	0	0	53.1	300
特色产业增收	0	0	12.3	0	0
乡村旅游	0	0	0	0	0
卫生和计划生育	0.2	0	0	0	0
文化建设	0	0	5.6	0	0
信息化	0	0	0	0	0
水利建设	0	77.4	0	0	0
移民搬迁	10	0	0	14	20
合计	204.9	77.4	17.9	92.8	1347

注：由于一些资金使用情况村干部并不知情，表中资金投入数没有统计完整。

（五）村级治理能力加强，干部群众路线意识加强

帮扶干部定期入村，加强了干部与群众之间的联系。课题组在村调研时，经常遇到帮扶干部入村，宣传扶贫政策、了解贫困户生产生活状况。有一次赶上县司法局干部入村，他并不知道我们在村里做什么。我们在公路边，听他与三位妇女聊天，是当地话，一句没懂。但有一点，那位帮扶对象和大家有说有笑，笑声越来越大，通过笑声我们体会到了干群的和谐关系——"政策是好还是坏，主要看老乡是笑了还是哭了"。驻村干部说，父母病了还可能不去探望，但"致富牛"生病了必须出现在现场。①

---

① 在结对帮扶活动中，广西投资集团公司领导率先垂范，到各自"一帮一联"结对帮扶贫困户家中，与贫困户拉家常、聊脱贫，为贫困户分析发展路子，并给贫困户送慰问金，助力贫困户渡难关，鼓励早日脱贫致富，见附录三。

（六）生态环境改善

人口大量外出之前，顺安村的石头缝里都种玉米。工业化、城镇化后，不少村里人进了城，村民不再完全以农为生，就不再掠夺性耕种、伐木、采薪。近10年，过去光秃秃的石山渐渐变绿，当地人地矛盾得到极大缓解，生态系统得到自然修复，在一些山上，已出现了野生猴群。

二　脱贫考核

2016~2020年，每年开展一次考核，由国务院扶贫开发领导小组组织进行，主要考核减贫成效、精准识别、精准帮扶、扶贫资金使用管理等方面，涉及建档立卡贫困人口减少和贫困县退出计划完成、贫困地区农村居民收入增长、贫困人口识别和退出准确率、群众帮扶满意度、扶贫资金绩效等指标，树立脱贫实效导向，确保脱贫攻坚质量经得起实践和历史检验。

（一）国家第三方评估

国务院扶贫办官员认为，这次脱贫攻坚非常大的一个特点，是实行最严格的考核评估制度。[①] 第一，国家有关部门的考核。通过国家统计局、国务院扶贫办的相关数据考核。国家的数据是统计来的、调查来的、扶贫信息系统里得来的。第二，组织省际开展交叉考核。向中央签署脱贫

---

① 刘永富：《党的十八大以来脱贫攻坚的成就与经验》，《求是》2017年第6期。

攻坚责任书的中西部22个省份互相交叉考核，每个省份组织几十名干部，抽签决定去其他省份，考核帮扶是不是精准。国务院扶贫办新成立的考核评估司主要承担省级党委和政府扶贫开发工作成效考核、贫困县退出评估检查、扶贫成效第三方评估以及其他专项考核评估工作。为完成好2017年国家精准扶贫工作成效第三方评估任务，中国科学院牵头组建了评估调查队——由国内科研院所和高等院校的1500余名专家学者组成，组织开展对我国中西部22个省（区、市）、120多个贫困县、600多个贫困村的实地调查、数据建库和综合评估工作。

第三方评估的主要方式是随机抽样开展入户调查。抽到哪个村、哪几户不提前告知地方政府，而是通过手机导航直接进村，到村里后才找当地干部带路，但带到目的地后地方干部就必须回避。评估工作关门进行，全程录音录像，评估过程可追溯、情景可还原。具体而言，到贫困户家后，评估组两人一组，通过实地查看和访谈了解情况、填写问卷。问卷由全国统一设计，内容十分细致，其中扶贫成效包括贫困户基本信息、收入情况、对扶贫政策认知度和对扶贫工作满意度等四大项54个具体指标，贫困户退出包括收入、住房等31个具体指标。评估人员会要求贫困户拿出残疾证、低保证、合作医疗凭证等，并与贫困户一笔一笔核算收入。为确保评估结果准确可靠，评估人员到一户人家访谈时，也会顺便问问下一户的情况，到下一户后又会问上一户的情况，相互印证。同时，评估组对一些拿不准的问题还会交叉复核。

第三方评估的内容有以下三方面。①评估贫困人口识别准确率,以"一算二查五看"的方式进行评估。"一算"指算贫困户收支情况;"二查"指查评议流程是否规范,查评议结果是否公开;"五看"指一看房、二看粮、三看劳动力强不强、四看有无读书郎、五看有无病人躺在床。②评估帮扶工作的群众满意度,以"三查"的方式进行评估。一查建档立卡贫困村是否有驻村工作队;二查驻村工作队帮扶规划和帮扶措施有没有、帮扶成效和工作作风实不实;三查建档立卡贫困户是否都有结对帮扶责任人,重点查帮扶责任人的帮扶效果及满意度。③评估脱贫户退出准确率以"一算二查四看"的方式进行评估。一算指算脱贫户人均纯收入是否稳定达到贫困标准线以上;二查指查脱贫户当年受扶持情况,重点查因户施策、资金安排、项目扶持、增收情况等,查脱贫户退出程序是否合规,重点查民主评议、农户确认、公示公开、入户核实等程序是否到位;四看指看教育、医疗、住房三保障和饮水安全问题等是否得到解决。

第三方评估是贫困区县脱贫摘帽的重要依据,国家专项评估检查结束后,对符合条件的贫困区县,由市人民政府宣布退出。国家第三方评估将贫困户错退率、漏评率以及满意度作为主要考核指标,其中错退率高于调查样本的2%,漏评率高于调查样本的1%,满意度低于90%的,贫困区县就不能摘帽。

(二)考核程序

按照分级负责原则,对贫困县、贫困户的退出进行考核。对违规操作、弄虚作假、虚报政绩的进行问责,问题严重的移交纪检监察机关处理。贫困户退出的 11 项指标和贫困村退出的 20 项指标,每项指标都要由各行业部门逐项认定、签字确认,严格按照退出标准和行业验收标准认真负责地核实各项指标完成情况,确保认定结果真实准确。贫困户脱贫摘帽按照"八有一超"标准执行。在验收程序上,原则上贫困区县脱贫摘帽要求贫困发生率降至 2% 以下,由贫困区县自己提出,并经省市扶贫开发领导小组审核。公示无异议后,由省级扶贫开发领导小组向国务院扶贫开发领导小组报告,由其组织第三方力量开展专项评估。进行入户核验、村级评议、乡(镇)审核公示、县级审定公告,然后自治区备案。贫困户退出以户为单位,实行贫困户整户退出。贫困户年人均纯收入稳定超过退出标准,且实现"两不愁、三保障",全部达标方可脱贫退出。同时,推进结对帮扶和扶贫队伍建设,强化脱贫成效考核,实行脱贫攻坚一票否决。建立贫困退出机制,开展扶贫对象动态调整工作,制定贫困村、贫困户退出奖励机制。

三 顺安村建档立卡贫困户脱贫考核

(一)脱贫情况

2014 年、2015 年和 2016 年,相关部门针对顺安村建档立卡贫困户户数、人数以及致贫原因,制订了各年度的脱贫目标、计划,并进行了验收。

2017年贫困户调整以前的脱贫规划显示，2014年、2015年和2016年三年顺安村贫困户主要的脱贫方式是外出务工和转移就业（见表4-2）。以2016年顺安村脱贫户脱贫考核和验收为例，根据顺安村脱贫户公示名单，2016年顺安村贫困户有24户112人脱贫。

表4-2 顺安村建档立卡贫困户脱贫计划

单位：户，人

年份	2014	2015	2016
脱贫户数	39	33	24
脱贫人口数	160	124	112
a.发展生产脱贫	0	0	0
b.转移就业脱贫	160	124	112
c.易地搬迁脱贫	0	0	0
d.生态补偿脱贫	0	0	0
e.社保兜底脱贫	0	0	0

（二）脱贫验收

对于符合脱贫标准的建档立卡户，需要严格程序才能退出，贫困户脱贫摘帽需要贫困户、帮扶干部、村干部、镇干部和县扶贫领导办公室五个层级的负责人在双认定验收表上签字。比如在2016年验收的贫困户双认定验收表中，双认定意见一栏，首先2016年7月22日需要户主签字，帮扶联系人签名以及验收人签名（2人以上，实际工作中有3人）。约1个月后，即2016年8月24日，行政村提出评议意见，需要村委班子和评估组成员6人同时签字，有红色的村民委员会印章，加盖有"经评议该户达到'八有一超'脱贫标准，初选为脱贫户，上报镇审核"的蓝色印章。2016年9月4日，乡镇提出审核意见并加盖红色镇政府公章，以及"审核该户达到'八有一超'脱贫标准，公示后无异议，上报县审定"的蓝色印章。2016年9月18日，县扶贫开发领导小组盖红色印章确认，并加盖有"经审核，该户达到'八有一超'脱贫标准，认定该户为脱贫户，跟踪观察一年"的蓝色印章。①

表4-3　2016年都安县（市、区）大兴乡（镇）顺安村脱贫户公示名单

单位：人

村民小组	户主姓名	家庭人口数	村民小组	户主姓名	家庭人口数
百欠	韦志勇	5	江板	梁万幸	4
百欠	韦德姣	5	江板	梁斌	2
百屯	石国芳	6	弄帮	王仕成	4
百屯	黄善必	3	弄风	韦汉儒	4
福星	石忠武	3	弄另	韦朋宽	6
福兴	韦克希	3	弄龙	韦艳	4
古劳	韦家德	6	弄王	石建南	7
古劳	韦家秀	5	上街	石中乐	5
加东	韦成葵	7	上岭	韦克昌	4
加结	梁志清	6	下刁	覃月梅	2
江板	梁汉宗	3	下山	梁汉升	7
江板	梁万官	5	—	—	—

注：此表一式3份，村委会、乡（镇）人民政府、县（市、区）扶贫办各执1份。

---

① 《都安县扶贫开发领导小组关于认定大兴镇顺安村脱贫户名单的批复》，2016年9月20日。经审核，该村23户106人符合"八有一超"标准，认定为脱贫户，跟踪观察1年。

2017年10月课题组对脱贫户的资料进行分析后发现，这种严格的考核把扶贫脱贫的责任一级级、一层层往基层下压，基层干部在高压下，也只能无可奈何地按照规定上报脱贫户名单。这从2016年脱贫户双认定验收表显示的贫困户脱贫原因中可窥见一斑。

表4-4　顺安村2016年脱贫户双认定验收表统计

单位：户，%

脱贫指标	认定情况	总户数	占脱贫户比重
有收入来源	（1）和（5）	8	35
	（1）人均耕地面积0.5亩（含）以上	5	22
	（5）有家庭成员外出务工、经商的	10	43
有住房	砖混	23	100
有基本医疗保障	参加新农合	23	100
有义务教育保障	没有因贫辍学适龄未成年人	23	100
有路通村屯	已通水泥路	23	100
有饮用水	建水柜、引用山泉水、建水窖、自来水	13、4、3、3	100
有电用、有电视看	全部实现	23	100

2016年审定的23户脱贫户中，有住房、基本医疗保障、义务教育保障、通村交通、饮用水、电和电视等都是可观察到的硬指标，考核时容易量化。从收入来源看，认定为人均耕地面积0.5亩（含）以上并有家庭成员外出务工、经商的有8户，占35%；认定为人均耕地面积0.5亩（含）以上的5户，占22%；有家庭成员外出务工、经商的有10户，占43%。应该说，贫困户进入建档立卡系统的2014年、2015年和2016年，影响他们收入的这三项指标都没有太大的变化，既然如此，他们又是怎么进入贫

困系统而又是怎么退出贫困系统的呢？这是因为上级下达了每年的脱贫指标，基层干部也是箭在弦上，不得不发。对国家或省份整体来说，每年有一个总的脱贫户数是科学合理的，但当把这些数据按一个简单的公式分解到乡、村时，矛盾就出现了。在县域内，经济发展有快有慢，扶贫措施产生效果会有滞后期，基层脱贫的真实情况是有的村产业发展快一点，脱贫速度快一点，有的发展慢一点，相应的脱贫速度就会慢一点，但在省级层面和国家层面，仍然会有一个相对稳定的脱贫人口规模。

以 2016 年脱贫户韦克贫[①]家庭为例，致贫原因是残疾和缺资金。本户家庭人口 4 人，其中劳动力 2 人，没有在校生；有旱地 5.56 亩，种植玉米、豆类、蔬菜，养两头猪。2016 年家庭收入来源：①经营性收入 4192 元，其中种植玉米收入 2752 元、蔬菜收入 1440 元；②工资性收入（劳务）10400 元；③政策性收入 2502.69 元，其中农业补贴（生态林）940.69 元、高龄补贴 1562 元；④其他收入 5500 元[②]（贷款收益金 4000 元、产业扶持金 1500 元）。又如 2016 年脱贫户石国华家，致贫原因为缺资金。本户家庭人口 6 人，其中劳动力 2 人，在校生 3 人；有旱地 4 亩，种植玉米、豆类、蔬菜。2016 年家庭收入来源：①经营性收入 6300 元，其中种植玉米收入 3840 元、豆类收入 300 元、蔬菜收入 2160 元；②工资性

---

① 每个贫困户的财政贴息贷款 5 万元额度转让给企业使用，企业给贫困户每年 4000 元，保持 3 年；贫困户养殖补贴 1500 元现金。
② 本书所有被访者姓名，均系化名。

收入（劳务）15000元；③政策性收入9560元，其中教育补贴6100元、农业补贴（生态林）1360元、高龄补贴2040元；④其他收入6000元（贷款收益金4000元、产业扶持金2000元）。

这两户家庭收入主要是外出务工收入，2016年与2015年相比，增加了贷款收益金和产业扶持金这两项短期性、非稳定性收入来源5000元，将此两项收入扣除后，2015年脱贫户家庭年人均可支配收入也在贫困线之上。

第三节　贫困户退出

课题组利用2017年4月的入户调查数据，对2014年以来贫困户退出情况进行了初步考察。因为扶贫脱贫工作还在进行中，各项政策也在逐步调整和完善，2017年扶贫脱贫"回头看"对前期出现的问题已做了修正，本文的分析只是学术上的讨论，不作为地方工作的评价依据。

一　帮扶满意度

村民对帮扶工作的满意度是退出评价的一项重要指标，包括对帮扶主体、扶贫项目安排、分户扶贫措施以及扶贫效果的主观评价。

（一）对帮扶主体的满意度

在帮扶主体方面，广西建立了省、市、县、乡、村联动扶贫工作机制。驻村工作队在扶贫对象识别过程中配合当地乡（镇）人民政府、村支两委走村串户，对所有农户的基本情况摸底，协助做好贫困人口登记造册、建档立卡和动态管理工作。对于贫困户，实行一户有一脱贫责任人，采取"一帮一"、一帮多的结对帮扶方式，实行定点、定人、定时、定责帮扶，要求驻村工作队"四个全参与"（项目申报、实施、监管、评估）。坚持党群部门帮弱村、经济部门帮穷村、政法部门帮乱村、科技部门帮产业村、退休干部转业军人回原村的原则，有针对性地选派驻村队员，实行帮扶。农户对驻村工作队的评价结果表明，样本建档立卡户对驻村工作队的总体满意度高，驻村工作队作用的最直接感受是基础设施的改善，扶贫资源的增加，村干部工作方式的改变，村民和干部关系的改善。

（二）对本村扶贫项目的满意度

顺安村最主要的扶贫措施有产业、基础设施、普惠贷、低保和学校教育等，农户对本村扶贫项目总体上评价非常合理的占13.3%，比较合理的占36.7%，一般的占28.3%，不太合理的占10.0%，很不合理的占3.3%，另外有8.3%的农户表示说不清楚（见表4-5）。其中，低保贫困户和一般贫困户对扶贫项目的合理性评价较高。需要说明的是，由于调查人员与村民言语不通，有不少调查需要当地扶贫干部领路、当翻译，主观评价结果有可能会好于实际情况。但从扶贫干部与农户交谈情况看，调查对象脸部表情放松，大家有说有笑，干群关系较融洽。

表4-5 样本户对顺安村安排的扶贫项目合理性评价

单位：户，%

农户类型	非常合理	比较合理	一般	不太合理	很不合理	说不清	合计
一般贫困户	5	4	0	1	2	0	12
低保户	0	0	2	0	0	1	3
低保贫困户	2	14	4	1	0	1	22
脱贫户	0	1	5	3	0	3	12
非贫困户	1	3	6	1	0	0	11
合计	8	22	17	6	2	5	60
百分比	13.3	36.7	28.3	10.0	3.3	8.3	100

对于到2017年4月调查时为止本村的扶贫效果，访谈户表现出明显的保留态度，认为扶贫效果非常好的只有5户，占8.3%；认为扶贫效果比较好的12户，占20%，也就是说，认为扶贫效果不错的不到30%，其中主要是低保贫困户对扶贫效果评价较高，认为扶贫效果不错的17户农户中，低保贫困户占13户。认为扶贫效果一般的22户，说不清的17户，各占36.7%和28.3%；另外有4户认为不太好，占6.7%（见表4-6）。总体来说，到2017年4月调查时为止，农户对本村的扶贫效果评价低、期待高。

表 4-6　样本户对顺安村扶贫效果的评价

单位：户，%

农户类型	非常好	比较好	一般	不太好	很不好	说不清	合计
一般贫困户	1	2	5	1	0	3	12
低保户	0	0	1	0	0	2	3
低保贫困户	3	10	8	0	0	1	22
脱贫户	0	0	6	0	0	6	12
非贫困户	1	0	2	3	0	5	11
合计	5	12	22	4	0	17	60
百分比	8.3	20.0	36.7	6.7	0	28.3	100

（三）贫困户对帮扶措施和效果的评价

前面是样本户对本村扶贫项目合理性和效果的总体评价，现进一步了建档立卡户（包括一般贫困户、低保户和低保贫困户）对本户帮扶措施和效果的主观评价。因为贫困户致贫原因不同，需要的帮扶措施也不同。理论上，精准扶贫需一户一策：对有劳动能力但缺乏发展资金的贫困户，实行产业扶贫、金融扶贫的脱贫政策；对缺技术的贫困户实行"雨露计划"培训、职业技术培训、农业实用技术培训；对生存环境恶劣的贫困户实行生态移民搬迁；对生病、受灾的和缺劳动力的贫困户，采取大病医疗保障、社会救助、临时救助办法；对因学致贫的贫困户，通过教育扶贫和社会捐资助学方式，保障贫困户子女有学上；对民政长期保障对象实行社会保障兜底措施；等等。从调查结果看，对贫困户安排的扶贫措施适宜性评价，48 户中有 3 户认为非常适合、18 户认为比较适合，分别占 6.3% 和 38.0%，可见贫困户对分类扶贫、一户一策的扶贫措施评价不高；同样，认为扶贫措施非常适合和比较适合的主要是低保贫困户，21户中有18户认为扶贫措施适合；认为扶贫措施对本户来说适宜性一般和说不清的各占33.3%和16.7%；另有2户认为措施不太适合；1户认为很不适合。特别是那些脱贫户的适宜性评价很低，12户脱贫户中有6户认为扶贫措施的适宜性一般，5户表示说不清，1户表示不太适合（见表4-7）。

表4-7 样本户对顺安村安排的扶贫措施适宜性评价

单位：户，%

贫困户类型	非常适合	比较适合	一般	不太适合	很不适合	说不清	合计
一般贫困户	1	2	6	1	0	2	12
低保户	0	0	1	0	1	1	3
低保贫困户	2	16	3	0	0	0	21
脱贫户	0	0	6	1	0	5	12
合计	3	18	16	2	1	8	48
百分比	6.3	37.5	33.3	4.2	2.1	16.7	100

注：因为小数点保留十分位，各数相加不等于100%。

进一步看贫困户对扶贫效果的评价。48户中，只有1户低保贫困户认为扶贫效果非常好，有17户认为扶贫效果比较好，认为扶贫效果不错的共18户，占贫困户的37.5%；有15户认为扶贫效果一般，有7户说不清，分别占贫困户的31.3%和14.6%；而有6户和2户明确表示扶贫效果不太好或很不好，分别占12.5%和4.2%（见表4-8）。同样，认为扶贫效果好的基本是低保贫困户，而所有的脱贫户都认为扶贫效果不怎样。争当贫困户特别是低保贫困户是很多村民的心态。而当了贫困户又退出来的，心中更是充满怨言，"什么都没得，就退出了"，总不愿意退出。帮扶干部顶着各种压力，四方争取项目、资源和政策，总希望能守土有方，尽职尽责，但不少村民抱怨，"干部工作方法不当，没能力，也没关系，都没给我们村里争取到多少钱"。扶贫的考核政策也确实需要综合评价，不能好心办坏事、把基层干部当"坏人"来预防，可以说，大数基层干部也是充满家国情怀，希望把扶贫工作做好的，对农民的情感五味杂陈（参见附录）。

表4-8 样本户对顺安村扶贫效果的评价

单位：户，%

贫困户类型	非常好	比较好	一般	不太好	很不好	说不清	合计
一般贫困户	0	1	6	1	0	3	11
低保户	0	1	0	1	0	1	3
低保贫困户	1	15	5	0	1	0	22
脱贫户	0	0	4	4	1	3	12
合计	1	17	15	6	2	7	48
百分比	2.1	35.4	31.3	12.5	4.2	14.6	100

二 退出准确率

按照"两不愁、三保障"的脱贫标准，顺安村贫困户正在有序退出。那么，退出的情况如何呢？除了用农户主观满意度来评价之外，另一个指标就是收入。我们选择收支数据相对准确的 10 户脱贫户分析退出准确率情况，10 户农户分别是在 2014 年、2015 年和 2016 年三年脱贫的。首先看农户对自己在村里收入水平的主观评价，然后看实际的收入数据。

（一）大家都差不多，好的差的占少数

样本户在自己的社会关系中，比如亲朋好友、村里的左邻右舍，比较判断自己的相对生活状态。虽然获得的有效样本有限，但调查的结果与近几年全国其他地区调查的结果基本相同[①]，即大多数人认为自己处于中间状态，只有极少数人认为自己比亲朋好友、村里的左邻右舍生活得好或差。

与亲朋好友比，自家过得如何？60 户样本户中，认为自家比亲朋好友过得好得多的只有 2 户，好一些的 11 户，差不多的 21 户，差一些的 21 户，差很多的 14 户，也就是说，只有 21.6% 的农户认为比亲朋好友过得好，而有 58.3% 的认为比亲朋好友过得差。同样，与本村多数人比，60 户中认为好得多的只有 3 户，好一些的 5 户，差不多的 16 户，差一些的 22 户，差很多的 14 户。觉得在村里过得好的只占 13.3%，但觉得在村里过得差的占了 60%（见表4-9）。在横向比较过程中，人们倾向于"高抬别人，低估自己"，总觉得自己过得没有别人好，这是一种普遍的心理状态。在这样的自我认知过程中，争当贫困户以获取外来

---

① 参见廖永松《小福即安的农民：一个幸福经济学的视角》、《万年村的幸福》以及《农民的价值世界》等文章和专著。

资源就是一种理直气壮的态度。在熟人社会里，如果通过市场选择过程农户成为村里的贫困户，就会很没面子没有社会地位。但是，在扶贫资源进村后，贫困户只是获得外来资源的一种称号，在村民看来，这种免费资源不要就是吃亏，因为这些都是外来之财，获得更多财产反而是一种"能力"的体现，与"面子"无关。实际上，纵向从村民生活水平变化来看，与5年前相比，村民普遍表示生活变得好多了。

表4-9 顺安村样本户对"与别人相比，自家过得如何？"的回答统计

单位：人，%

自我评价	与多数亲朋好友比，你家过得怎么样		与本村多数人比，你家过得怎么样	
	人数	百分比	人数	百分比
好得多	2	3.3	3	5.0
好一些	11	18.3	5	8.3
差不多	12	20.0	16	26.7
差一些	21	35.0	22	36.7
差很多	14	23.3	14	23.3
合计	60	100.0	60	100.0

（二）脱贫户收入基本情况

脱贫户如期脱贫是国家的要求，广西是集"老、少、边、穷"于一身的典型区域，是中国脱贫攻坚的主战场之一。广西111个县（市、区）中有54个贫困县，贫困村数量达到5000个。广西选派5000名贫困村第一书记、3万名驻村工作人员，投入46.9万名帮扶干部，到贫困地区进行帮扶脱贫工作。2016年，按照国家"两不愁、三保

障"和广西确定、国家认可的脱贫标准,经过精准识别和脱贫"双认定"、国家组织的第三方评估及省际交叉考核,广西全面完成了120万贫困人口脱贫、1000个贫困村和8个贫困县的摘帽任务。2016年顺安村10户脱贫户中,从可支配收入看,有5户家庭人均可支配收入低于2016年脱贫线。这些收支数据是2017年4月入户调查时由课题组调查人员得到的,有的数据明显与农户的实际收入不吻合。①2017年9月第二次入村后,针对第一次对农户收支数据存在失真的问题,课题组又请村干部对农户收入数据进行核实,重点核实脱贫户以及家里外出务工人员的就业和收入状况。对比两次对同一农户家庭2016年收入的调查数据,收入差异主要是在家庭外出务工人员工资性收入以及家庭经营性收入统计上存在较大偏差所致,两次调查的家庭人均可支配收入及变差见表4-10。就已脱贫的10户看,修正后的家庭人均可支配收入与第一次调查统计的家庭人均可支配收入相比,没有变化的只有2户,其他8户有较大变化。代码为111的脱贫户,第一次调查时统计的家庭人均可支配收入低于贫困线,只有2263元;在第二次核实修正后,其2016年家庭人均可支配收入变为7987元,变差达到252.9%。但是,修正后的脱贫户家庭人均可支配收入低于脱贫线的也有代码为105、108、109三户。可见,要保障精准识别贫困户和精准退出贫困户是一件多么不容易的事。

---

① 参见附录,再次说明准确收集农户收支数据是一件非常困难的事。

表 4-10 顺安村两次调查的脱贫户收入及变差

代码	家庭总人口（人）	外出务工人员数（人）	第一次调查统计的家庭人均可支配收入（元）	第二次修正后的家庭人均可支配收入（元）	统计收入变差（%）
103	4	2	4040	5386	33.32
105	5	1	2736	1736	-36.55
106	5	0	1394	4470	220.66
107	2	0	10050	11200	11.44
108	5	3	3531	1630	-53.84
109	6	0	2772	2772	0
110	5	1	3156	4155	31.65
111	4	2	2263	7987	252.94
112	6	0	1880	4546	141.81
116	6	2	5042	4042	-19.83
117	1	0	5480	5480	0

注：统计收入变差为=（第二次修正后的家庭人均可支配收入－第一次调查统计的家庭人均可支配收入）/第一次调查统计的家庭人均可支配收入×100%。

在扶贫的实践过程中，农户是否属于贫困户，其家庭人均可支配收入的高低只是一项影响因素，而国家的扶贫政策又与建档立卡贫困户大量挂钩，特别是教育、医疗、低保、产业补贴政策，在村民之间造成了新的不公平。

针对2014~2016年贫困人口识别和退出存在的问题，客观来说，地方政府一些领导还是实事求是的。2017年国务院扶贫办试行贫困人口动态调整，提出贫困户"应纳尽纳"原则后，有领导在全县动态调整工作会议上讲到："2015年底，按照精准识别要求，都安县对13.68万贫困人口实现建档立卡，为'十三五'脱贫攻坚打下了坚实基础。但从全县精准识别工作情况来看，无论是国家、自治区督查组督查，还是我们平时在工作中发现和遇到，识别不精准的问题还比较突出。我们现在不妨回过头来认真分析一下，2015年精准识别时，部分农户对政策理解有偏差，不主动配合入户评估，故意隐瞒财产收入等情况，导致我们掌握的信息不够真实、不够全面，漏评、错评了一些贫困户；另外，或多或少还存在干部作风不实、深入不够、弄虚作假等问题，错退了一些贫困户，导致全县贫困对象识别不精准。虽然之前自治区也开放系统权限，对贫困人口动态信息进行清理和调整，但之前的调整，只是停留在基本数据上，相当于修修补补，没有真正开放端口并给予大规模的进退处理。去年（2016年）国务院第三次督查和第三方评估组明确指出，我县（都安县）还存在贫困对象（识别）不准、没有做到精准识别全覆盖等问题。此次全国扶贫开发信息系统全面开放端口，就是要给各地一个多月的时间，切实解决好贫困人口漏评、错评、错退、脱贫不稳等问题。这次贫困人口动态调整不设上限，实行'应纳尽纳'，只要符合标准就应该纳入，对2014年和2015年退出户脱贫不实的乡镇，这次返贫回退后若导致当年脱贫人口减少，国务院扶贫办对此不予追究。自治区也已经明确，这次动态调整工作不设置人口动态调整规模，不影响脱贫村认定。各乡镇、各村屯，要根据实际情况，结合《动态管理办法》要求，凡符合扶贫标准的农户全部纳入扶贫对象并及时予以帮扶，凡识别不准的建档立卡户均予以剔除，凡脱贫不稳的退出户均予以返贫。"

三 贫困人口的动态调整

(一)落实最严责任制

针对贫困识别和退出中可能出现的问题,国家建立了贫困户的动态调整机制。2017年7月底,广西组成8个督查组赴14个市进行贫困人口动态调整工作第一轮督查,并将发现的问题进行通报,要求每10天向自治区相关部门报送贫困人口动态调整工作最新进展,各级党委、政府对这项工作高度重视,贫困人口动态调整事关贫困群众切身利益,事关脱贫攻坚目标的顺利实现。按照"谁识别、谁把关、谁负责"的原则严格落实责任制,各乡镇党委书记、乡镇长是第一责任人,各村支部书记、村长是直接负责人,要严把精准识别、精准退出数据质量关,对于收入处在贫困线边缘、住危房、患大病等的农村低收入家庭,"两不愁、三保障"不达标的,特别是因种种原因没有纳入扶持范围的真正贫困的农户,要严格按程序纳入。对各类档案资料不齐全、数据不精准的,认真进行修改完善,确保各类数据信息准确、翔实。驻村第一书记及驻村工作队,要到岗到位、逐村逐户地搞好调查摸底工作,同时帮助贫困村、贫困户参与制定脱贫规划、完善脱贫措施、进行精准施策等扶贫工作的全过程。动态调整工作全过程都要有痕迹资料和规范台账,形成有记录、有照片、有表册、有签字、有依据,相互支撑、互为因果、科学规范的档案体系,解决好档案不规范问题。确保数据精准真实"可追溯",把每一项数据采集、信息检索、信息录入的责任落实到具体的责任单位和责任人,加强培训、严格把关、确保质量。实地调查结束后,各乡镇、各部门要严格按照程序进行复核、检索、筛查、认定,确保录入全国扶贫开发信息系统中的数据真实、完整。

(二)应纳尽纳

切实做好"应纳尽纳"贫困户、整屯搬迁应纳尽纳、认定返贫退出户、剔除错评贫困户等四项工作,严禁划定贫困人口规模"红线",严禁人为设置规模。第一,"应纳尽纳"贫困户、整屯搬迁应纳尽纳按照农户申请(整屯搬迁应纳尽纳除外)、入户调查评分、财产检索、两评议一公示、核实汇总分数、审核确定贫困户、贫困户建档立卡程序进行识别。第二,返贫户按照农户申请、入户核验、村级评议、乡镇审核公示、县级审定公告程序进行认定。第三,剔除错评贫困户按照核实信息、入户告知、村级评议、村级公示、乡镇审核、县级审定程序进行剔除。

(三)财产检索,一票否决

新识别贫困人口财产检索工作由都安县扶贫开发领导小组统筹安排,将农户家庭成员的关键信息与公安、住建、国土、工商、编办、财政、教育、人社等相关部门进行数据比对,调查贫困人口是否拥有价值在3万元以上

（含3万元）的机动车辆或大型农机具，是否在乡镇以上自建住房，或购置商品住房、商铺、写字楼、宅基地、商用地，或开办经济实体，或属于财政供养人员等情况。整屯搬迁农户应纳尽纳把原来检索的"八个一票否决"标准调整为"七个一票否决"标准，即把原来的"有两层以上（含两层）砖混结构且精装修住房或两层纯木结构住房且人均居住面积在50平方米以上（含50平方米）"标准排除在外，其余具有七种一票否决情形之一的，原则上予以剔除、不纳入建档立卡范围。但身处深度贫困地区，自然环境恶劣不适合生存发展，未达到"八有一超"标准，家庭确实困难的，对这类农户应该应纳尽纳，不能因为有好一点的住房就"一票否决"。乡镇党委、人民政府负责组织将入户核验的农户家庭成员名单（包含家庭实际人口姓名和身份证号）汇总，报送大兴镇扶贫开发领导小组，上报都安县扶贫开发领导小组进行财产检索。检索完毕后，都安县扶贫开发领导小组将财产检索结果逐级下发到村及帮扶干部。

（四）时间紧，任务重

2017年8月7~13日，市县组织对贫困人口调整对象进行财产检索，村民小组进行评议公示，市县划定贫困户分数线、统计四类人群情况等；13~17日，各乡镇确定应纳未纳贫困户、返贫户名单，在各行政村、自然村（屯）、村民小组进行公示，公示期5天；18~24日，贫困户名单公示后无异议，由县级确认，在政府网站和各行政村、自然村（屯）进行公告，公告期7天。乡镇必须于8月17日前，将公示无异议后的动态调整贫困户名单报县脱贫攻坚指挥部进行公告；8月25日上午，乡镇必须按规定程序对新增贫困户、返贫户进行识别及信息采集，对拟剔除的错评贫困户进行核实，审核辖区内贫困人口调整情况，报县脱贫攻坚指挥部汇总并上报市扶贫办。

（五）再看贫困识别与退出

根据《都安瑶族自治县扶贫开发领导小组印发自治县关于进一步做好贫困人口动态调整工作实施方案的通知》（都扶领发〔2017〕19号）要求，相关部门对顺安村贫困人口的财产进行了核实。按照建档立卡贫困户识别的相关规定，2017年9月顺安村有20户82人被认定为建档立卡贫困户，并进行了公示。其中，新申请进入的有4户，原来漏评的有3户，因病因学返贫的有13户。

2015年漏评的3户是因为那次评议时家里没有人，农户没有提交贫困户申请书，县司法局驻村干部不了解情况，所以漏评了；另外有3户申请了没有批准，从经济条件来看他们符合贫困标准，但当时的评议组认为，这3户家里都有劳动力，但他们不愿意外出打工，懒惰成性，在评议时没有通过。按2017年"应纳尽纳"的原则，这3户家中有病人，这次评议通过了，就纳入了建档立卡贫困户中。据村干部介绍，目前村里有闲置劳动力50人，闲时打麻将、买六合彩，没有技术，又不愿意卖苦力。有的外出打工，没挣到什么钱，又回到村里，但回来几天后没钱用，没办法又只得外出打工讨生活。弄劳屯那边劳动力多一些，很多人闲在家里，没有外出打工。弄劳和加东会整屯搬迁，最后不愿意搬迁的农户，也就只能留在村里以农为生。

  课题组在2017年9月驻村调研时观察到，这次贫困户动态调整工作，上级政府的监督、管理的严格程度可以说空前绝后，评估的制度、标准和程序也较规范，即便如此，还是有4~5户对评定结果非常不满。据了解，有一个2015年建档立卡的贫困户，家庭实际人口有6人，两位老人70多岁，大儿子成婚（有一儿子），在县里另外一个镇当小学老师，在镇上有住房。二儿子未婚，在城里打工。2015年入户调查的干部来自广西投资集团，对本村和农户情况不了解，只是根据户口本信息登记了两老人的收支和家庭信息，因为评估农户时，村组干部只是带领工作组入户，但不会直接说出问题，怕得罪人，所以错评为贫困户。第二次核查时，有人暗中举报，查实了农户家庭信息，被退出了贫困户名单。这次想当贫困户，主要是想争取移民搬迁贫困户优惠政策，到都安县城的创业园安家，领取移民搬迁补贴。黄家屯家，2015年的建档立卡户，家庭人口6人，这次重议时被剔除。家庭情况是，两个老人在顺安村福兴小组种地，两个儿子在柳州打工，大儿子已婚，有一孩子在顺安村上小学，老两口在村里的房子还没有通路，老人有慢性病，当时就评为了贫困户。这次被剔除，因为大儿子在县城买了房子，按一票制否决原则，不能再当贫困户。但老人认为，他的病没好，自家的路也没修通，不应该不是贫困户，因此意见很大。

因病返贫的农户也显示了农村贫困户识别和退出的极端复杂性。山屯里有一户人家，家里有一位老人70多岁，老伴过世，有4个儿子。大儿子57岁，光棍，与老人生活在山屯里；二儿子到广西的另外一个市当了上门女婿，户口很早就迁走了；三儿子结了婚，外出打工十多年，在宜州区德胜区租房住，三儿子老婆的户口在她娘家，夫妻俩有一儿子，户口随母在娘家；四儿子曾有一个没办结婚手续的女人，育有一女，后来这个女人跟别人跑了，女儿户口与老人在一起。2015年因房子成了危房，老人就借钱修了房。可在2015年建档立卡贫困户评议时，因为他家有房一项就18分，使这家综合评分达到60多分，超过了2015年都安县58分的贫困标准，因此没有被评上贫困户。在2017年动态评估时，因为①大儿子是残疾人；②老人和四儿子生病；③孙女上高中，三项因素加在一起，这一户被评为了贫困户。但因三儿子的户口在老人的户口本上，按户口本统计贫困人口原则，这个家庭的贫困人口又算为5人。实际上，真正生活在一起的是这个老人、他的大儿子、四儿子以及四儿子的女儿。因为其三儿子是外出打工人员，收入低，但如果他三儿子是一低收入的公职人员，贫困识别结果怎么才算正确？按一票否决制，有国家工作人员的家庭不能评为贫困户，可大家都认为这一户生活确实比较困难，理应享受扶贫政策。

因学返贫这一户也极为复杂。2015年建档立卡评估时，这个家庭户籍人口为5人，夫妻俩加上两女儿一儿子，户主在外地打工，实际上，大女儿外嫁，在一起生活的是

4人，但按"增人不增地，减人不减地"的原则，大女儿的承包地还在这一家，与这一家的生活又有很多关联。二女儿未婚，在外地打工。2016年户主生病过世；2017年二女儿外嫁，并且大女儿的户口也迁移走了，这个家庭就只有两人，儿子也上了高中，综合评价后进入了建档立卡贫困户，享受的政策待遇是高中学生减免学费和住宿费补贴。按照贫困户评议中的教育打分标准，现在许多孩子在上初中的非贫困户家庭，再过几年孩子就要上高中了，他们又会符合贫困户标准——因学致贫，那么问题在于，2020年所有贫困户脱贫的目标如何实现呢？

最后再看一个值得讨论的贫困户识别例子。某屯中有一位70多岁老人，4个儿子，已结婚成家，小的三个儿子户口各自独立，老人与大儿子生活在一起，大媳妇常年外出，孙子上大学。2015年这家被评为低保贫困户，享受了两年的学费减免。①2017年从建档立卡贫困户中剔除，原因有①与老人共住一起的孩子大学毕业了；②查出三个儿子在本屯有房，第4个儿子在县城有车有房，经营一小商铺。处理办法为从公示日起停止老人的低保补助，大病报销比例降低。这个例子的争论点在于，与老人一起生活的大儿子在2016年因病过世，二儿子家是贫困户。二儿子是贫困户的原因在于，家中有三个孩子在上学，一个小学、一个初中、一个高中，按贫困户评分标准，符合贫困户条件。三儿子举家外出，在河池市金城江区开了一个小卖部。也就是说，这个老人实际是与

---

① 按2017年动态人口调整原则，过去的事既往不咎。

是村里贫困户的二儿子生活在一起，但在认定时归到四儿子家，成了非贫困人口。在这个家庭是不是贫困户的评估过程中，大兴镇镇长担心村干部厚亲舞弊，曾多次暗访，但确实难以决断。老人的姿态倒很高，说"现在社会好了，停低保金，被认定为四儿子家人口，也没什么意见，反正也活不了几年了"。

总而言之，经过改革开放40年的发展变化，中国农村人口大量迁移，农村家庭结构和关系错综复杂，在土地、教育、医疗、养老、低保等城乡二元分离的大背景下，使理论上看似简单的精准识别、精准帮扶和精准脱贫的一户一策的"精准"思想在农村贫困治理的实践中遇到巨大挑战。精准帮扶的过程，上涉国家治理体系和制度的重大变革，下涉基层干部政策的执行力和亿万老百姓的生产生活，是一个自上而下缓慢的制度变迁过程。在这个过程中，除了要求做好顶层设计、建立完善的制度体系之外，还需要有耐心，更要相信基层广大干部群众的智慧和创造力。在加强监督的同时，要求上级各个部门之间相互协调、相互配合。避免政出多门，各个部门都把责任往下压，以检查形式主义的名义搞形式主义，各种表格、检查把基层干部预设为"坏人"，不断腐蚀一线工作人员的信心和动力。建议把更多的决策自主权下沉到镇村一线扶贫干部，因为他们才是攻坚在最前沿的人，只要坚持政务公开，决策阳光透明，管好项目资金，严肃问责，就能有效地防范基层干部可能出现的腐败行为。

四 脱贫展望：关于顺安村走旅游脱贫之路的建议

顺安村要在2019年顺利实现脱贫摘帽的目标，通过易地安置，发展特色产业，增加就业机会，提升教育、医疗保障水平，建立有效的社会保障体系都是应有之义。此外，我们认为，通过加大顺安村和周边区域旅游开发力度，走一条旅游扶贫、旅游脱贫之路是可行的。如果项目能够顺利实施，这对于全县实现扶贫攻坚目标，确保贫困户如期脱贫、贫困村如期摘帽、农民稳定增收以及县域经济的可持续发展都具有重大意义。

顺安村交通位置优越，地处高岭镇、大兴镇、永安乡交会处。国家高速路兰海高速（G75）和已开工的贵南高铁贯穿境内。境内有天然独特丰富的旅游资源——典型的喀斯特地貌和国家地质公园特征。气候清爽宜人，环境优美，有丰富的地下河资源、天窗群、洞穴、天坑等以及都安澄江地下河地质公园，村内有大小不一的十几个岩洞，洞内石林、石芽、石柱、象形山栩栩如生。弄劳下山屯银晶宫内，晶石银光闪闪，银晶石瀑布宏伟壮观。村内群山林立，干更屯内72座大大小小山城，形成优美画卷，美不胜收。山林、竹林茂密青翠，鸟语花香，是旅游度假、休闲、观光、健身、运动、养生、探险的好选择。

顺安村和周边区域旅游开发的总体思路是科学规划，整体安排，充分发挥扶贫基础设施建设和产业项目投资"四两拨千斤"的杠杆作用，遵循政府引导、市场决定的基本原则，引导社会资本进入，吸引广大群众参与，通过注入文化元素，盘活区域现有资源，带领区域群众实现脱贫摘帽、走向富裕的战略目标。

具体来说，以村部建设、恢复寺庙为起点，以打造溶洞景点为核心，以山地休闲健身、体验原始部落风貌为整体风格，以生态、绿色农产品生产、观光体验和电商平台建设为支撑，建设具有现代乡土气息的文化旅游区。

（1）村部建设。充分利用现有村部建设资金，建设集办公、休闲、接待、文化活动、电商平台和展览为一体的综合区。

（2）恢复福星寺庙。通过福星寺庙的恢复重建，充分发挥新时期佛教传播中国传统文化的功能，建设有文化品位、重诚信的社会主义新农村。

（3）溶洞景点开发。以开发下刁屯救娘洞、加进屯加进洞、下山屯银晶宫、干更屯猴岩洞等四个溶洞为核心，带动方圆3~5公里区域经济发展。

（4）山地休闲、健身。为了让旅客住得下，充分体验山地自然风光，可以科学设计健身线路，科学健身。按照分段开发的原则，可以在顺安村开辟4条线路：线路1从加进屯至加东屯；线路2从古劳屯至巴卜屯；线路3从弄吊屯至干更屯原旧石梯，从干更屯至加平村四路屯，从干更屯至加平村加垂屯、加重屯、加平屯；线路4从弄庙屯至弄另屯、加翻屯古代石板路。

（5）原始部落风情。邀请人类文化学者加入，再现原始部落风情，以加重屯瑶族民俗风情为主，其他村落如巴卜屯、加东以移民旧泥瓦房保护改造为主，区域内形成交通方便、卫生条件好，具有原始氏族社会风格的新型村落群。

（6）绿色生产观光。在顺安村内大力种植毛葡萄，并沿线公路往大兴、永安两镇种植毛葡萄。利用村部建立的电商平台，推广销售生态产品，如瑶山鸡、猪、牛、玉米酒、葡萄酒等生态产品。

（7）现代农民培育。利用网络平台，通过网上直播方式，邀请中国社会科学院等国内知名院校的文化名家网上授课，为探索建立国家级现代农民培育试验区积累经验。

总之，通过旅游项目开发，可以大大加快顺安村和相关区域经济发展速度，有力促进贫困户脱贫、贫困村摘帽、农民稳定增收。顺安村旅游项目实施后，将在都安县建设出一重要旅游景点，为早日实现都安县全域旅游目标提供典型经验。顺安村旅游项目分步开发，是一条投资少、见效快，遵循绿色共享，将绿水青山变成金山银山的山地农村可持续发展之路。

附 录

附录一　不愿易地搬迁的瑶家汉子[1]

2017年9月底我们第二次来到顺安村,以完成第一次结构式调研问卷未尽事宜,更想用脚丈量顺安村的石山、里弄、羊肠小道,探索那些神秘的溶洞、天窗以及行踪漂浮、潜流于地的地下河流。都安的地苏地下河以天窗群闻名于世,我们本应一探真容,但山弄里带有极为浓厚氏族格调的贫困村民的生产生活更是心中的牵挂,所以,白天我们就在老乡家里整理资料,在高温下爬格子;黄昏时分开始游走于顺安村大大小小的村屯。十来天的时间里我们都居住在石主任家里,他们全家也迅速动员起来,为我们的工作提供后勤保障。每天进山访谈归来,各种可口的食物早已备好放在餐桌上,再加上自家酿的玉米清酒或是毛葡萄酒,一路的风尘立刻化为乌有。大家总是兴奋地谈论起自己的所见所想:落日余晖下高耸的山峰,路边伞状的百年神树,夜间从眼前飞过的萤火虫,记载有十多代人的家谱,革命时期留在土墙上的枪弹痕迹,早成废墟的清代寺庙,不知农药为何物的乡间老妪……小小的顺安村总能带给我们无限的想象和惊奇!

一次次游走于村内之后,我们渐渐熟悉了村民的面孔,村民也开始习惯于我们的存在。走在村里,常有老乡邀请我们进屋做客、聊天、饮酒,可直到今天,我们还是

---

[1] 课题组访谈随笔,执笔人:廖永松。

感到游走在顺安村民生活的表层，并没有真正成为他们的一员，"我们"和"他们"中间有一条无形的鸿沟，"我们"的世界与"他们"的世界之间有一条河，没有桥梁，只能偶尔隔岸相望。张宗帅得知顺安村有一个村民建的"纯农民"微信群，因在第一次调研结束后他写过一篇有关顺安村的调研心得，曾引起群里人的高度关注和赞扬，即便如此，第二次见过面、喝过酒之后，群主也断然拒绝张宗帅加入那个"纯农民群"的申请。在群主看来，那是属于他们自己的群——一个象征着他们身份和社会关系的图腾。也许融入别人的生活是一件不可能的事，我们只能是置身事外的观察者、追求事实真相的外来人，永远处于求知的未完成状态。

易地扶贫搬迁是顺安村脱贫攻坚的重大举措，影响近百户400多村民的生产生活，很多搬迁户的人生轨迹将从此改变。对于脱贫攻坚入村调研来说，我们自然要对政策的实施情况刨根问底，探个究竟。根据我们的要求，书记决定在一个适当的时间带我们去一个至今不通路的山弄里，那里有一户不愿意搬迁的贫困户，也是村里出了名的"钉子户"。结对帮扶这一户的是县司法局的一位干部，他已去过多次，问寒问暖、尽职尽责，但一谈到搬迁，大家经常不欢而散，于是也少不了抱怨，觉得这贫困户的工作难做。"穷和愚，没招！"一些干部这样认为。多年农村调研的经验告诉我们，这样的结论不太可信。

终于等来了这一天，书记和我们都忙完了手头的工作，决定从石主任家出发，步行去山里，切身体会山里村民的日常生活。

9月的顺安正是秋老虎肆虐的高温时节,下午五点的太阳依然毒辣,书记不时抬头观看窗外高悬的太阳,一再说:"等一会儿再上山,现在还太热,怕中暑。"近六点,天气凉快了些,书记终于下定决心出发,嘱咐大家带上矿泉水后,便从村部办公室出来。村部前面延展着两年前修好的水泥路,路面平坦,行走起来甚感轻松,步行了十多分钟后,很快来到一石头砌成的台阶前,那是去目的地的登山口。拾级而上,路倒并不难行。山路两旁有不少喀斯特地貌地区常见的风化巨石,石头上的坑洼里零星长有叶面较宽、呈锯齿状的植物。沿着台阶上山,约莫一袋烟的工夫,就来到正在修建的盘山公路处。还在修建的路面上全是没有碾碎的棱角分明的石块,行走起来很是不便。幸亏路程不远,我们不一会儿穿过这条公路,来到进山必经的小道上。天气炎热,大家早已汗流浃背,略做停顿,饮几口水,迈步向老乡一天要来回走几次的山路进发。路很狭窄、很陡,没有规则的台阶,不时还有大小不一的石块,不小心踩上,极易滑倒。依赖于山石上凿出的小平台为落脚点慢慢向山上爬行。我们都在农村长大,正值青壮年,爬这样的山路并非不可承受。半个小时的样子,我们气喘吁吁来到坳口。看我俩露出疲倦之态,书记鼓劲说:"翻过这坳口,就可以看见藏在山窝弄场里的那户人家了。"

据说这户人家祖辈五代在那里居住,是顺安村唯一的1户瑶族。在传统农耕时期,山里户均耕地面积相比于山下平场还要多，粮食和蔬菜能实现自给；另外山里树木多，做饭所需柴火也不用愁。20世纪90年代至2000年初，顺安村四周的山上不像现在长满了郁郁葱葱树木，而是光秃秃的，树都快被村民砍光了。村民之间常会为了一把猪草起争执，反倒是深山里人口密度相对较小，吃得更加丰富。除了种植，他们可以割草来养猪养羊，还可以采摘、狩猎。山弄里的成年男子在那些缺衣少食的年代（2000年以前）成了婚姻市场上的抢手货，媒婆常进山里为他们效劳。可世事难料，事过境迁，随着科学技术的发展和人口数量的变化，深山里人均耕地相对于平场来说原本就没有多多少，反而因为交通不便，原来微弱的优势很快因为山下公路的畅通变成了劣势。山里的男人身价不再，媒婆消失得无影无踪，光棍成了男人的代名词，一夜醒来老婆不知跑到哪去了也不是什么大新闻。道路、水电、燃气等基础设施的不断改善，手机、互联网等现代科技产品的广泛使用，山村已不再是一个封闭体。年轻人外出打工、经商，开阔了视野，提高了收入，山间里的粮食已无法满足人们对高品质生活的追求。走南闯北的年轻女性不再羡慕山弄里的一亩三分地，她们需要吃饱、吃好，还需要更加多姿多彩的现代生活，不走出山里的男人自然会被她们无情地抛弃。

思绪恍惚间，弄场人家狗的狂吠声响彻山谷。在我们从山坳口沿着乱石丛中的路艰难地走向这户人家的时候，四五只狗已经叫着冲过来。山里难得有生人来往，看好家护好院是这些狗的责任，也在提醒主人有客人来访。听到狗的叫声，主人急忙从里屋走出来，一看是书记带的队伍，赶紧将狗喝住。那些狗倒也充满灵性，知道是主人的客人，便停止了叫声，摇起了尾巴，向客人们示好。

眼前房屋的主人赤裸着上身，肌肤黝黑，身材健壮，一看就是常年下地干活的庄稼汉。房屋已很破旧，两层木质结构，屋顶上盖的是茅草，屋下修建的是猪圈、牛舍，是当地典型的传统干栏式房屋。房前有羊圈、鸡舍、菜园，还有一片种满玉米较开阔的耕地；屋后有水柜，背靠一座树木茂密、几乎直立的山峰。屋内除了几张挂有蚊帐的破旧的床之外，几乎没有什么像样的家具。堂屋内有一简易饭桌，桌上有电磁炉，居中有一台20世纪90年代产

附图1 山间小屋

（廖永松拍摄，2017年9月）

的14寸彩色电视机，家中老人说是亲戚送的。幸好电视能正常收看节目，中央电视台的新闻节目他们最爱看。在正堂屋的左侧是厨房，没有隔断，隐约看得见黑乎乎的老式灶台，需一人负责用木材烧火、一人负责掌勺炒菜的那种。屋角布满蜘蛛网，房间充满从一层畜舍内冒出来的怪气味。

汉子让我们落座后，还在地里干活的弟弟和弟媳也闻声而回，大家围坐在堂屋里唠起了家常。电视里正好在播放中央电视台有关国家扶贫攻坚的新闻，主人说他经常看，因为他很关心国家的相关政策。从他的言谈中可以察觉，书记已不是第一次来这里与他谈易地搬迁的事，但谈判早已陷入僵局。他好像知道我们一行人来的目的，便主动打开话匣子，向我们介绍起他的家人来。

他今年40多岁，光棍，小学文化程度，母亲在他20多岁的时候过世了，目前与70多岁的老父亲以及弟弟一家五口生活在一起。他弟弟今年32岁，弟媳20多岁，都是小学文化程度，有三个小孩子：大的4岁，小一点的2岁多，还有一个刚满50天的婴儿。

在他介绍情况的时候，我们注意到他弟弟也是裸露着上身，肌肉结实，皮肤黝黑，身高与他差不多，1.7米的样子；他弟媳皮肤白皙，眉目清秀，不失为山中的美人，怀中抱着婴儿，不时地摇晃几下，防止大家的高谈阔论把小家伙吵醒；他父亲背略驼，坐在床沿上，身体还算健康，会讲点普通话。谈话全程由汉子主导，在我们一问一答间，其他人偶尔会插上几句。一切迹象表明，家中的权威集中在汉子身上，他是这个家庭的最终决策者，是这个家庭事实上的"家长"，主导着家中的大小事务。汉子十多年前在柳州、桂林等地打过工，在他母亲生病期间，弟弟还小，他是全家的支撑，家中这般光景，自无姑娘下嫁，至今孑然一身，只能与弟弟一家相依为命。他弟弟小学毕业略为成年后，也曾与汉子一道去柳州、桂林闯荡过，但文化少，没有什么特别的技能，晃荡了几年，也闯不出什么新天地来，于是在他们母亲过世后不久，兄弟俩又重新回到山里干起了农活，与他父亲生活在一起。汉子的一举一动，都显示出他并不是一般人假想的"笨人"，恰恰相反，汉子精明勤快得很，除种地、养牛放羊外，他还是当地小有名气的道公。在有红白喜事的时候，不少村民会请他去念经画符，一次就能挣一两百块。

大家热火朝天聊天的时候，我脑子里突然想起发展经济学家舒尔茨说过，"别把穷人看成非理性人"的话来。穷人也是在既有约束条件下优化他们的决策，观察者要多分析穷人面临的约束条件而不是喋喋不休地指责和抱怨，盲目地认为扶贫"先要扶智和扶志"，在没有认清他们所面临的困境时，错误地帮他们拿主意、帮他们做决策。

那么，到底是什么因素让这位汉子不愿意离开交通极为不便、房屋已破败不堪、人畜共居的山间弄场呢？

根据政策，建档立卡户搬迁住房建设用公寓房安置，以户为单位人均住房建设面积不得超过25平方米；以一户一宅方式安置的，每户宅基地占地面积不得超过80平方米、人均住房面积不得超过25平方米。从补助标准看，建房基准补助金额每人不低于2.4万元，户均不高于14万元（90平方米户型）。如果汉子一户同意搬迁，他能享受到的政策补贴最高为14万元，6人按25平方米计，他们一家最高可得到安置房150平方米（实际上安置房还没有这样的大户型），而超过90平方米部分需要按安置房每平方米1600元的成本价购买，也就是说，如果汉子同意搬迁，极大的可能是他一家6口只能获得90平方米的安置房，而且在取得房屋所有权后10年内不得转让。而他搬迁的成本或代价是什么呢？第一，他们一家今后的户籍管理、医疗、教育、养老、就业等都面临很大的变化和不确定性。第二，需要签订旧房拆除协议，在入住搬迁新房两年后拆除旧房（折旧房后每户有不低于2万元奖励）。第三，虽然村里保留耕地承包权，但住房与耕地太远，要想自己种粮、种菜，过原来那种自给自足的生活就不太可能了，生活成本会上升。第四，现在村里正在大量修建道路，离他家不太远的地方就有一条，如果道路修通，他家的交通会得到极大改善，山间空气清新，泉水清澈，粮食蔬菜有机生态的优点就会体现出来。如果将危房修好，山间生活自由自在、自得其乐。第五，对于独身一人的汉子来说，进城后能否再与他弟弟一家生活在一起将面临很大的不确定性。

在汉子掰着手指头一条条计算的时候，我又想起了写《农民的终结》一书的法国人孟德拉斯，他曾提醒人们，对农户一点点的改变，都会打破整个系统的稳定，绝不可把他们当作不同于我们的物种。

围绕搬迁问题激烈地争论声引来了我们上山时路过的一户人家的主人，他一看书记和两个外地人，便饶有趣味地加入这个由教授与农民组成的学术讨论会。在我们这些大学文化程度以上的城里人看来，搬到城里去多好啊！经济账非常简单：城里一套房子，怎么也值20万元，而这山沟沟里的烂房子，价值最多不会超过5万元。进城后，交通、水、电等各种基础服务设施将大为改观，政府还会帮助就业，发展空间广阔。更为重要的，城里教育条件比山里好太多，孩子上下学将不再走那么远的山路；老师的教学水平更高，子子孙孙就不用在这穷山沟沟里讨生活了。

"你知道吗，老乡！你们老一辈搬出去了，可能会在城里吃苦头，可今后你们的孩子就不会过这样的日子了。"面对九头牛也拉不回的倔汉子，我们祭出了子女前程这面大旗来诱导。

可他们一家是铁了心似的，一个劲儿地摇头，"你们这些城里人，说得都不对，我们这里要吃的有吃的，空气又好，菜又新鲜，城里哪点好？污染严重，说不定哪天政策变了，把房子都收回去了。别说要拆旧房子，就是白在城里送我们一套房我们也不要。"

大家的争论一次次陷入僵局，各持己见，似乎真理都掌握在自己手里，迈出一步就是天大的谬误。正好，来访的邻居一家同意了搬迁，于是赶紧让他来开导汉子，让汉子理性地站到我们这边来，早日搬到城里过上美好的幸福生活。谁知同意搬迁的那户叹口气，说："我家同意搬到城里，是因为孩子已上了大学。孩子大学毕业后，很有可能会在县城工作，现在要套安置房，将来孩子在县城才有落脚之地。要不是因为孩子，我们肯定不愿意搬走，一辈子在山里，已经习惯了。人老了，还是喜欢山里的生活，今后我们说不定还会搬回来养老呢。"

大家针对是否搬迁虽然分歧很大，但气氛倒很和谐，没有任何敌意，只是各说各的道理，都觉得自己是正确的。

时间不知不觉中过去了，天色已晚，考虑到下山还有一定的路程，山路陡峭，不易行走，我们就站起身来，准备打道回府。汉子一家说什么也不答应，无论如何要我们用完晚餐后才同意我们下山。"你们远来是客，不在我们家吃完饭就走，就是看不起我们。"汉子一边拉住我们的手，一边吩咐弟弟和弟媳准备晚饭，并让老人帮忙照看一下弟媳怀里的婴儿，他继续陪同我们这些客人。

弟弟和弟媳应声而去，先在鸡舍里捉了一支三四斤重的山鸡，当场宰杀后作为主菜招待贵客，然后到地里拔些蔬菜回来，用电饭锅蒸上糯米饭，夫妻俩一人烧柴，一人炒菜，急忙地准备上晚饭。

这般情景，我们自是盛情难却，趁他们准备晚饭的空档，大家鱼贯而出，在落日的余晖下享受起山谷的幽静来。

这时太阳还没有完全下山，层叠的山峦映入眼帘，不知名的鸟儿掠过山脊线，穿梭在山林的上空，不知它们是在忙着寻食还是在展示自己飞翔的技能，不时的鸟鸣与山间的虫吟不经易间演奏出了乐章,已经抽穗的玉米地绿油油的,远处的松树静静地看着我们,好像盼着我们走过田野,去探寻大山深处的秘密。我们抬头眺望,房屋所在地是一山谷的起源处,远方是树木茂盛、植被还很厚实的大山。在这山谷源头方圆不到200米,是一山间台地,台地内有十来亩耕地的样子。在台地的另一头,住着另一户人家。

正疑惑,汉子微笑着说,"老师,你说我们这里美不美?"

我们不由自主地点点头。

"要不要去那家看看?"

"好呀!"我们齐声应答着。

汉子早就看明白了我们的心思,"我领你们看看去,一会儿回来享受正宗的土鸡和原生态的黄豆。"

"那户人家主人在吗?"有人问道。

"你放心,有人,"汉子坚定地回答,"那就是我弟媳的娘家。"

"哦,原来是这样。"大家的兴趣立即浓烈起来,迫不及待地向那户人家走去。

穿过坑坑洼洼的小道,路面铺满了碎石,不小心行走极易摔倒,好在天还没有黑下来,到那户人家也不过几分钟的路程。话语之间,已来到跟前。

这是一层木式结构的老屋,年头也不短了,修建在台地的边缘,下面就是一丈多深的谷沟,至今没有通路下山,主人说要出山必须照原路返回,房屋的两侧是树木林立的陡山，房前有一小块水泥铺的晒坝，上面还晾晒着一些金黄色的玉米粒。远远看去，这些玉米泛着金光，颜色极为靓丽，与我们在平原见到的玉米色泽明显不同。主人见我们到来，急忙从里屋拿出几条凳子出来，大家就围坐在晒坝上，在这山间的世外桃源处，享受着夜幕即将来临时的静谧和美景。

几分钟的安静后，针对要不要搬迁这个问题，大家又议论起来。一种职业习惯驱使着我们，不把问题弄个水落石出，决不收兵。

坐在我们眼前的老头，60多岁的样子，身体看起来不算好，略偏瘦；老婆卧病在床，不能起来与大家见面，除了嫁给汉子弟弟的女儿外，膝下还有一儿一女。儿子24岁，小学毕业后辍学在家种地，蜗居在这狭小的台地空间里，过着日出而作日落而息的农耕生活。女儿10岁，在山下顺安村小学读五年级。幸亏顺安村建的这个希望小学能提供食宿，孩子不用天天上山下山跑，只是周末才回到家里，免了许多奔波之苦。

我们问老头，"你们一家愿意搬迁吗？"

老头直摇晃脑袋："老师，你看我们这多好，有吃有喝，搬出去怎么活？真想不明白国家老想让我们搬出去，我们两家是亲戚，在这里互相照顾，也没有人能欺负我们，多安全。"

可是，我忍不住问那个小伙子："你生活在山里，收入低，交通不便，不担心找不到老婆吗？你的父母年岁大了，可以生活在这深山里，可哪个年轻姑娘愿意和你一起在这与世隔绝的环境中生活一辈子呢？"

这个问题戳到了小伙儿的心病，他不愿正面回答，只是一个劲儿地坚持："我想不了那么远，说什么也不愿意搬。"

看他固执己见，我这读书人好为人师的老毛病又犯了，在这山里讲起大道理来："再说了，国家制定易地扶贫搬迁政策，主要是基于人地矛盾，着眼于解决这些生态环境脆弱地区、不适合人类居住地区人们的可持续发展问题。"我知道这个道理对于大字不识几个的老乡来说过于深奥，于是举了个例子："老乡，你看看这四周，假如你不搬迁，你的大儿子，他很快要娶老婆吧？他娶了老婆，得修房吧？你大女儿有两个儿子，长大后也得娶老婆吧？娶了老婆，又得修房吧？你们现在只有两家人，你觉得可以在这过舒服日子，可是你的子子孙孙呢？他们长大了，在这十来亩地上，在哪儿修房，在哪儿种粮食呢？"

我连珠炮弹般的问题抛向老乡，大家沉默了一会儿，他们似乎被这个问题难住了，也觉得有些道理。书记这时开口问那个正在读书的小女孩（那天她正好在家），问她愿意住在学校还在家里，小女孩没有任何犹豫地说愿意住在学校，因为学校比家里住着舒服，而且饭菜也比家里好。

汉子一看这个局面，非常担心大家的军心会动摇，正好天色已完全暗下来，四周已是一片漆黑，远处的山也好树也罢，全都淹没在这沉沉的黑暗里。汉子估计弟弟弟媳在家已准备好晚饭，于是打开手机上的手电，催促大家快回家用餐。估计也谈不出什么结果来，书记和我们同意先离开。离开前,我到这家屋里看了一眼,屋里灯光昏暗,一片凌乱,一股刺鼻的霉味弥漫在空气中,隐隐听到卧病在床女主人的呻吟声。白天看到的美景与屋内主人生活的痛苦交织在一起,一时也理不出个头绪来。

"若是没有贫穷,没有可怕的、无尽头的、哪儿也躲不掉的贫穷,大概这人世间的生活也像这早晨一样美丽吧!可是只消回头看一眼村子,就会清晰地记起昨天发生的一切,于是由周围的景色唤起的那份让人陶醉的幸福感,立即便消失了。"契诃夫的话多在理!

借助汉子的灯光,我们很快回到了他家里。果然,热气腾腾的饭菜已准备好,土鸡肉和黄豆的清香从电磁炉上的汤锅里扑面而来,我们一行人更觉饥肠辘辘。大家急迫地拿上碗筷,坐在桌前,准备享用这山间原生态的美食。除了他爹,汉子一家并不饮酒,估计为了陪好客人,有意让老汉陪我们喝几杯,请客饮几盅自家酿的米酒是顺安村一种无言的规矩。我们也不客气,端起酒杯畅饮起来。席间除了赞美主人家的好酒、好菜,特别是土鸡、黄豆和蔬菜清香可口外,不免也会夹杂着搬迁这个话题,但因饭前已反反复复地交谈过了,大家也不再争执。就着糯米饭,喝着加了蜂王浆的米酒,用餐时间不太长,一席也无太多的新鲜话题。汉子则早早地吃完饭躺在竹椅上观看新闻联播,不时给我们讲述国家政策,还从烧火的火炕里抽出一根树枝,用它在木地板上写了一个"虫"字,意思是家里没有什么蚊子。

席间,一个小细节倒是很有趣。弟弟的媳妇坐在兄弟俩人中间，汉子很是关心，不时向弟媳碗里夹放肉菜，弟媳与弟弟也乐于接受，大家关系极为融洽、和谐。书记和汉子的邻居向我们提起过，弟媳嫁到这户人家前，是极不情愿的。她曾私下对帮扶的司法局女干部提到这事，但迫于父母的压力，无奈之下答应了这门亲事。弟媳的娘家考虑，女儿婆家离得很近，将来可以为自己养老。据说汉子在促使这门亲事中发挥了重要作用，不然这个姑娘早跑到山外去了，他弟弟也极可能打光棍。正是如此，弟弟对哥哥心怀感恩，家中大事小事，都由汉子一人说了算。在顺安村的穷苦人家，年轻媳妇外出打工后跟别人跑了也不是什么稀奇事，进了城里，见了外面的花花世界，谁能保证水灵灵的女人还会老老实实地待在家里围着灶台转？两个家庭生活在这片台地里，这个女人将大家维系在一起，老了相互照应，自然而然地形成了一个均衡和稳定的氏族结构。以这个汉子为权威中心、这个女子为纽带，在这深山处也自得其乐。可要进了城，这一切还怎么维系呢？

不知不觉中大家酒足饭饱，天色已漆黑一片，汉子也不便久留客人，坚持要把我们送下山。虽再三让他留步，可他无论如何也不答应，从家里找出功率很大的手电筒，执意走在前面给大家带路。他的邻居家恰好在山这边，也与我们共走一段，便径自回家去了。下山的途中，因路面难走，少不了相互叮嘱要注意安全的话。在黑夜中，我们已无暇顾及群山的存在，高一脚低一脚地埋头赶路。回去的路比来时似乎缩短了许多，半小时多些，我们已走到进山口的台阶前。大家流着汗，各自找个可以蹲坐的地方休息。汉子坐在最后一级台阶上，静静地看着前方。

喘过一口气，还没有忘记我们的使命，将那些需要搬迁的理由重复了一遍又一遍，虽然我们知道对汉子来说已无作用，但知其不可为而为之，也是一种安慰。

我说："你该自己住在山里，想办法娶个老婆，而让弟弟弟媳一家五口进城里去找他们的生活。特别是三个孩子，今后迟早要离开山里到外面去讨生活。你不能因为对弟弟有恩，就强行要求他们陪着你一人在山里。而且，孩子应在城里得到更好的教育，不能耽误了孩子的前程。"

汉子自有他的理："弟弟一家搬走了，我一个人在山里怎么生活？孩子我们会想办法让他们好好念书的，不用担心。找老婆，哪有你说的那么容易？再说了，没钱，老婆也不好养，会跟别人跑的。"

书记和宗帅也点头认可，汉子的邻居给他俩说过当前顺安村的婚姻状况。一些顺安村男子成年后，为了找到媳妇，就会去外边打工，在外租房直到外边娶回来的媳妇有了小孩才回村举办婚庆仪式。有的男子还会到县城经济条件好一些的亲戚家住一段时间，可以在外面接触到更多的女性，最后把对象"骗"回家。可这种"隐瞒"难以持久，妻子早晚会知道男方真实的经济状况。有的妇女认为生米煮成了熟饭，只好认命，吵闹几天就顺从了。偶有性格刚烈的，尤其是从都安县城外嫁过来的，即使有了孩子也可能会跑掉，孩子也拴不住女人的心，可见山弄里贫困的程度。顺安村"光棍"家庭还有一些共同特征，家中的母亲去世较早，兄弟多，在都安的风俗中，母亲在儿子的婚姻中扮演着重要角色，一个成年男子的母亲是为他找对象最操心的人。当地甚至流行这样的说法，如果一个男孩儿特别调皮而不听妈妈的话，他妈妈就会说，"你把我气死我了，将来没人给你找媳妇，你一辈子只能打光棍。"

婚姻是汉子心中永远的痛，也许我真不该为了所谓的"搬迁使命"去伤害他那本就脆弱的心灵，心中的愧疚只能化为默默的祝福，祝愿他和所有的顺安人一切顺安！

天已彻底地暗下来，山的远处，村民们暗淡的灯光点缀着这似乎不需要光的世界。我们和汉子知道是该道离别的时候了。宗帅从兜里拿出下乡调研时常备的香烟，抽出几支来，发给汉子、书记和我。大家默默地点燃，狠狠地吸咂着，烟雾在香烟上方绕着圈、舞着轻盈的步伐，享受着短暂的生命，根本不理会这人间无穷无尽的烦恼，还有那渴望的幸福。

一根香烟的工夫很快过去了，汉子将烟头在地上使劲儿掐灭，他已完成了送客人下山的任务，前面水泥路很平坦，还有零星的路灯，客人的安全已有保障，他可以安心地回家了。这时，他打开手电筒，没有一丝犹豫，转身迈上上山的台阶，很快消失在大山里。

汉子已离不开山，他和山已融为一体了，那就是他的生活、他的人生，而我们城里人，我们这些城里人的幸福，也许正如山和他的关系，注定要与喧嚣融合在一起……

附录二　顺安村走访手记 *

一　初进顺安——山村犹有读书声

有限的土地资源使顺安村民特别重视孩子的教育，使他们寄希望于自己的孩子通过读书升学来离开农村摆脱贫困。从南宁一路往北来到县城，过了红水河就开始进入典型的喀斯特地貌，这里的山如螺蛳、如翠屏，只有山间的小块平地可供耕种，大部分村落都是被这种如螺蛳一般的大山四面包围，当地用自己的称呼来命名这种独特的地形和地貌状况——"岜"，"岜"的意思就是开门见山。这也说明了此地的地理条件——山地多、耕地少，县里人均耕地面积不到0.5亩。县统计局局长告诉我们，在他读书的时候，他的老师曾经这样说过："你们一定要好好读书，考出去，为都安人节约1亩地。"这位局长说，正是因为这样的土地条件，此地人具有吃苦耐劳的精神，并且特别重视孩子的文化教育。这一观点也在我们的调查过程中得到印证，在调查问卷"你认为教育重要吗"这一回答结果统计中，百分之百的被调查者选择了"非常重要"。在顺安村调查问卷中的家庭支出项目中，孩子的教育支出尤其是高中及以上阶段的教育支出

---

*　执笔人：张宗帅。

占了家庭总支出的主要部分。通过对问卷中"最主要致贫原因"结果进行统计,我们发现,受教育支出成为顺安村村民致贫的一个重要原因。

顺安村高中及以上的学生所就读学校以专业技术学校为主,该村共有30多个大学生,以大专为主,只有三个入读重点大学的学生。这也印证了顺安村第一书记所说的"该村的孩子在考到外面读书后,跟城里孩子比,他们见的世面少,即便是村里特别优秀的孩子,一旦到了外面读书,他们就会感觉比较吃力,跟不上,所以基本上没有读很好的大学的,以技校和民办高校为主"。除了这种城市和农村之间的教育差距之外,在顺安村本村中,每个家庭中孩子的受教育程度和家庭富裕程度密切相关。第一书记开车带我们在村里转的时候,为我们指出了村里几栋建得比较高大漂亮的房子,说这家里的孩子在外面做官,那个家里的孩子也在外面做官,而他们之所以能够出去读书做官,是因为他们的父辈在村里相对来说有较好的家庭条件,能够支持他们去外面读书。这种重视读书的意识,除了纵向的代际传递外,还会波及横向的家族亲戚。比如一个家庭中有人通过读书到外面获得较高的社会地位,他就会对自己本村家族亲戚中的孩子进行教育上的帮扶,而且家庭中通过读书在外面"发达"的人往往会对本村亲戚中的孩子形成一种示范效应。

对教育的重视,还体现在顺安村的村小学和小学校长方面。顺安村的村小学位于顺安村村委旁边,是顺安村的中心位置,此外,顺安村还有两个教学点。通过与顺安村小学石校长的交谈，我们发现，石校长在顺安村具有较高的威望，村里的红白喜事石校长都受邀参加，村里很多人家门前的对联都是石校长写的。石校长现年50多岁，是土生土长的本村人，他读到师专，毕业分配的时候根据"从哪里来回哪里去"的原则回到顺安小学教书。这一教就是一辈子，用石校长自己的话说："村里应该有小学。"他的意思是村里应该保留小学，而不是把村小学合并到镇上去。石校长认为，村小学最需要的不是教育资金和教育设备，而是"见识"，也就是在村小学上学的孩子最需要的是增长见识。驻村第一书记告诉我们，村民的集体活动和娱乐活动常在村小学举行，比如每年县文化站会派人来村里放几场电影，放映的场地就选在小学操场上。有一天我们正好赶上县广电服务中心放映队来顺安小学放映电影，看到我们听说要放露天电影表现出很兴奋的样子，扶贫工作队的苏主任跟我们讲了一个笑话：他的一个朋友在放映队工作，放映队在镇上放映的时候，一个来看的人也没有，放映队只有两个人，其中一个负责看机器，另一个（也就是苏主任的朋友）便来找苏主任喝酒。可见，农村文化供给与村民需求的脱节。

那天做完表格工作后，我们和驻村书记来到学校，贴在小学外面宣传栏上的放映通知是这么写的：

今晚电影

1. 科教片：《汽车火灾》

2. 少儿故事片：《赛虎》

3. 武打片:《拳霸风云》

放映时间：19：00

放映地点：顺安小学

县广电服务中心放映队

2017年3月7日

然而天公不作美，下起了小雨，挂在教学楼外面的电影幕布被迫收起来，改在一间教室里放映，观众都是村小学的学生。有意思的是，放映队跳过了前两部，直接放的很受小学生们欢迎的武打片——《拳霸风云》，尤其是男孩子看得很投入。虽然下着雨，但是校园里还是有一群女孩子在乒乓球案上开心地轮流打乒乓球，可能女生不喜欢拳击这种打打杀杀的电影，而更喜欢冒雨运动。看着这些开心的孩子，书记对我说："有时候在村里忙完一天，感到精疲力竭的时候，他就会来学校里转一圈，看到这些高兴的孩子，自己心里的压力会缓解很多。"书记来顺安村挂职已经一年多了，他的两个女儿跟着妻子住在南宁，年龄也跟这些孩子差不多，书记每周只能回家一次看看孩子。我想可能是书记看到这些孩子的时候想起了自己的女儿，或者是把这些孩子当成了自己的孩子，这会让他感到自己在村里工作的意义。村小学对于顺安村来说，不仅仅是一个为孩子们提供知识、让孩子们完成小学教育的地方，还具有文化和精神聚集的作用，是村文化和集体生活的一个重要场所，是一个村的活力和希望所在。

二　村民的经济状况

只有真正进入每一户家庭去跟村民接触，我才体会到书记所说的那种"困难"和"累"。尤其是在涉及每家的收入和支出问题时，这种困难更加明显。不过这也不是什么"农民式的狡猾"，而是一个普遍的世界性统计学难题，城市里的市民同样不会老老实实告诉你其真实的收入支出情况。把自己的收入说得很低同时夸大支出，这是人之常情，而不是只有"农民"才具有的质性。"农民式"这种说法是对农民道德观的预设，甚至是一种"东方主义"式的说法，这种说法可以追溯到文艺复兴时期法国启蒙思想家对于所谓的"东方文明"的想象，一直到后来的"亚细亚生产方式"也是如此，给农民贴标签的话语方式不仅体现了国内城市和农村的不平等关系，而且表达出东方和西方的不平等关系。进村入户首先得把农民—市民、城市—农村等这些预设的二元对立在思想意识上破除掉，否则这种预设对调查者的理智和情感都是一种蒙蔽。不得不反思和承认，这种先入的偏见严重妨碍我以客观理性的态度和同情之理解进入所要调查的顺安村民的生活世界。

在顺安村每次调查样本农户的收入与支出，都是"斗智斗勇"的过程，涉及的情况和问题都比较复杂。大多数被访问的村民会尽力隐瞒或者减少自己的收入，夸大自己的支出。以一户调查对象为例，在走出刚调查完的这家时，我问跟我一起的村副主任："他每年支出那么多，收入那么少,是怎么生活的?"村副主任轻描淡写地说:"他没跟你说他还养蚕。"我又问养蚕一年能挣多少钱,村副主任说养蚕他一年能纯收入四千多。听村副主任说完,我有一种"被欺骗了"的感觉,便对村副主任说咱回去再问他。村副主任说:"这也不能怪他,主要是你们的表没有涉及养蚕这一项,他当然不会主动说。"这使我想起来,刚进这户人家时,看到屋里地上堆着一大堆新鲜的蚕叶,我问男主人这些是用来喂蚕吗?他支支吾吾说不是,当时我就很纳闷,不是用来喂蚕难道还有别的用处?"被欺骗了"的感觉使我追问村副主任刚才这户还有什么收入,村主任说"没有了,加上这个养蚕的收入,他基本上就能收支平衡"。我用橡皮把原先的数据擦掉,加上养蚕的四千之后,果然他的收入支出基本平衡。吸取了教训后,后来问每户的支出时,我都会问有没有养蚕,让我失望的是,后来调查的农户都没有养蚕。通过后来的调查得知,目前顺安村养蚕的的确是少数,这个唯一的养蚕大户就被我碰上了。不过,这种主动问养了什么的方法,在其他方面起到了效果。后来调查的时候我会把牛、羊、猪、鸡这些家畜家禽问个遍:"家里养鸡了吗?养牛了吗?养猪了吗?养羊了吗?"这些家庭养殖给顺安村的农户带来一笔重要的收入,我每次进入农户家里的时候,就像小鬼子进村一样,睁大眼睛、竖起耳朵、张大鼻孔"望闻问切",先在院子里打探一下养了哪些家禽家畜。不过问题又来了,你不仅要问家里有没有养这些家禽家畜,还要问清楚他们是公的还是母的,因为一头公猪和一头母猪带来的收益天壤之别,公猪和母猪的单价差不多都是一千多块钱,但是一只母猪如果一年下两窝猪崽,一窝猪崽毛收入就是四千块钱,两窝就是八千。

经过我层层"盘问"出的这种差距让我感到兴奋,而那个被我的"狡猾"逗乐的老乡也露出神秘的微笑,用指头点我一下说:"你呀你。"尽管如此,还是有很多"漏网之鱼",比如有一户我详细地问到了他养的牛和羊,并且有点得意地向书记汇报自己的"聪明",书记转过脸来笑着说:"他跟你说他平时还替别人翻地吗?这是他很重要的一笔收入。"当我听到这句话的时候,感觉又一次"被欺骗了"。有意思的是,这次访问半年以后,驻村书记通过微信跟我说:"告诉您一个令人惭愧的消息,两年多了,我觉得这一刻我是苦笑着高兴,您斗智斗勇的那位农户,我说他还为别人耕地换得收入的那位,他一直还有每月900元的固定收入(工资),而且是中国移动的合同工,负责中国移动在顺安村一个基站的看护,在村里停电的时候发电向基站供电,平时完成基站相应环境的维护。所以心里有一丝恼,但更高兴是他有收入,一般情况下,我不是纠结他们所谓的收入具体是多少,更关心的是他们在哪里干什么样的活(工作),基此判断他们的工作生活状态。"这说明就连自认为对村民情况比较了解的驻村书记,对村民实际收入情况的了解也需要一个漫长的过程,由此可见获得村民真实收入的难度之大。

后来我才明白这不是因为"农民式的狡猾"防不胜防,而是因为我对农村了解得太少了,根本没有想到这种新中国成立前才会存在的"雇工"形式今天还会存在。并且，我所认为的顺安村民"隐瞒收入"的行为，很大一部分原因在于村民对于调查表中的"收入"和"存款"的理解与调查者的理解是十分不同的，比如他们会倾向于把"收入"理解为纯收入，而不是我们调查者期望他们回答的总收入。

入户调查得到的顺安村村民的基本经济状况。顺安村人仅靠种植玉米不能满足他们的经济需要：虽然顺安村人一年种两季玉米，但是因为人均土地面积少，土地贫瘠，加上生态环境的恢复，种植的玉米已经开始受山上野生猴子的破坏。野生猴子的出现也说明顺安村的生态环境得到了改善，而生态环境得以改善的一个很大的原因正是"城镇化"。城镇化过程中，村里的人口减少，对于木材的需求减少，上山砍柴的人也少了，山上的植被恢复，生态环境就改善了。村民单纯依靠玉米种植，每户年收入基本在1000~2000元，这对于一个家庭的开销来说是远远不够的，还需要通过打工、各种养殖等家庭副业来增加收入，顺安村青壮劳动力的主要经济收入还是外出打工。在不受教育和医疗的经济压力（比如家中有人重病或者孩子在外上大学）影响的情况下，顺安村民通过种植和家庭养殖便能满足基本的生活需要，但是这样的生活方式不能满足他们进行资本积累和扩大生产的需要。

种植的玉米并不进入市场，而主要供自己家庭内部消费，包括食用和进行家庭养殖。家庭养殖对于顺安村村民的生活起到了重要作用，我们发现顺安村几乎每家每户都养鸡、养猪、养羊。但是以家庭为单位的个体养殖，因为交通条件的限制，销售的成本太高，所以家庭养殖在增加村民经济收入上的作用也有限。从县城到镇上，一直有干部在给我们讲一个山弄里农民养猪的段子：一个农民养了3头猪，要卖到外面去就得请几个人来帮忙抬出去，在卖完猪后就得请这些帮忙抬猪的人喝酒吃饭，请客吃饭的花费顶得上他卖一头猪的钱。顺安村虽然在尝试规模化、合作化养殖，但是受顺安村本身土地和资源承载能力的限制，规模化养殖还面临很多考验，比如水资源、资金、技术等条件限制。除此之外，顺安村还在试验种桑养蚕，驻村书记认为10年之内桑蚕应该不会有销售方面的难题；规模养鸡的话，养殖的数量一旦增加，鸡价就低；养牛的初期成本太高，创业者承受不起；而养山羊的话，山羊对环境的破坏太大，大规模养殖会破坏好不容易恢复的生态；如果进行生猪养殖的话，猪价波动大，与专业养殖场（户）比，没有成本优势。因此，如何在顺安村找到符合资源优势的特色产业是需要细致研究的问题。

三 走出桃花源——旧宅与新宫

前面我们已经提到，因为环境、地理、交通等客观因素的限制，顺安村的产业承载力有限，承载不了太多的资金、劳力和设备，因而动员村民从山里搬到山外、从村里搬到镇上，就成为顺安脱贫的一个重要方式。最想外迁的是具有劳动能力，同时在外边见过世面（比如做过小买卖，具有商业头脑）的人，但是往往这些人实际上并不贫困。而真正的贫困户或者因为上了年纪，或者因为身体残疾而丧失劳动力。对于这些没有劳动能力的村民来说，即使搬迁出来也无法生存，因此他们不愿意搬迁。对于已经搬迁出去的村民来说，他们将要面临的是生活方式和价值观念的适应和困扰，在这个进程中，老年人表现出更多的不适应，他们更倾向于留在村中；相比之下，年轻人走出去的意愿和对于外面世界的适应能力要远远强于老年人，他们更愿意搬到城镇中。搬迁出来的村民和他们的子女如何调试两种不同的生活方式，需要长期跟踪观察研究。①

在顺安村的穷人搬出村的时候，顺安村的一些有钱人却搬回来并且修建新房。在顺安村我们发现有不少已经建好或者正在修建的比较高级的住房，有的甚至是四五层高的颇为高级的洋楼别墅。据村里人介绍，这些正在修建的"豪宅"都是从顺安走出去的有钱人，他们退休之后就回到顺安村，在自己旧宅的基础上修建新房。这些楼房外部贴满瓷砖，看起来很气派。我们甚至在村里一处没有硬化路也没有电的地方，看到一户人家正在修建一座豪华的小别墅。通过跟房屋主人——一位60多岁的老人交谈之后，我们得知房子是老人的孩子们共同出资修建的。老人在外面当过警察，自己的三个孩子都非常有出息，都在外面当领导。这所房子是在老人祖祖辈辈居住的旧房子基础上修

---

① 在顺安村做调查的时候，扶贫移民安置房还在建设之中，并没有村民入住，所以这一方面的影响评估还尚待村民入住易地安置房之后才能进行。

建的，造价在50万元以上，他们还故意在新房子的周围留下了几间原先的老房子作为纪念。周六日自己的孩子们回家住几天，山上没水没电，他们就在山下做好了饭菜带上来，甚至有人为这所房子写了一首诗，老人念给我们听："先父留旧宅，儿孙建新宫；今日新田园，风景美如诗。"

即便是村里的贫困户，他们也把相当大的一笔资金投入自己的房子上，以至于顺安村给我的感觉好像到处都在翻盖房子。后来我才明白，这是因为顺安村的房子面临第一次"升级"，原先的老房子都是20世纪五六十年代修建的，现在这些房子都面临年久失修的问题，很多成了危房，所以顺安村村民要进行住房的第一次改造升级，把原先的砖木结构房子改建成"广东式"的砖混结构的二三层小洋楼。在镇上工作的干部甚至指着村里一片新盖的楼房说，这些都是广东的房子，意思是这些房子都是村里人去广东打工挣钱回来建的房子。房子的样式都是千篇一律，没有任何美观可言。贴着白色瓷砖的水泥房跟顺安村的自然环境很不协调，显得十分扎眼，相比之下，传统的民居则与周围的环境十分协调，而且从居住的舒适性上来说，传统的木屋住起来其实更舒适，比如夏天和秋天，老式的木屋通风性更好，住起来更凉爽，而新式水泥房子则十分闷热。从外观上来看老式民居有一种特别的美感，驻村书记多次给我展示他拍摄的几幢顺安村保留不多的民居，他一直想要把这些传统的民居开发成"民宿"。

在顺安村调查的最后一个傍晚，我们去了顺安地势较高的一处山坳里，爬上一段又陡又险的山坡，仿佛《桃花源记》里的渔人,穿过一个小洞口,展现在眼前的是一片开阔的山谷,豁然开朗,这里分散住着几户人家。有一户男主人热情地为我们端出了他家自酿的山葡萄酒,还盛情邀请我们在他家吃晚饭,但是天色已晚,下山的路不好走,遗憾地不能久留。这里面的房屋都是传统的老式民居,屋前用很细密的篱笆围出一片菜地,女主人在菜地里摘了几颗绿油油的青菜。我问女主人,你们菜地的篱笆怎么围得这么严实?她说为了防止野鸡来吃。跟我们一起来的书记说,这户人家马上就要搬迁到外面了。在渐渐暗下来的天色中,空气湿乎乎地夹杂着些雾气和雨丝,望着宛如在世外桃源的几户人家,虽然知道他们早晚都要被时代的潮流裹挟出去,但还是有些挽歌式的情绪在山葡萄酒的作用下弥漫开来。

四 村里的年轻人——留下还是离开

入村前,第一书记跟我介绍说村里有一位"90后"副主任,当过兵,退伍以后回到村里搞副业,经济实力比较雄厚,你们都是"90后",应该有共同语言,比较好接触。"90后""退伍军人""回到村里""当村主任"这几个词让我想到六七十年代马烽的小说和同名电影《我们村里的年轻人》,第一书记的这些描述也让我想快些接触这个新时代的"我们村里的年轻人",看一看他回村之后的生活和心理状况。在后来进村入户调研中,书记有心安排我和这位"90后"的副主任进行了较多的接触,很多调查都是在他的带领下进行的，甚至他的家庭也成为我的调查对象。

这个"90后"叫梁军，他复员前在石家庄某机械化部队作装甲兵，专门负责开装甲车和坦克车。他说一进部队，上级就安排他负责驾驶装甲车，因为他入伍之前在家里的时候就会开车。后来才了解到，他之所以很年轻的时候就会开车，是因为他父亲就是在村里开出租汽车的，家里有汽车，自然使他很早就有机会掌握驾驶技术。因为顺安村交通不方便，没有公交车，所以个人经营的出租面包车就成为顺安村民外出的主要工具，副主任梁军的父亲就是在村里跑出租，拉村里的人去外面"赶集"。我们了解到，本地的集市每三天一次，一面包车人外出赶集，这对于顺安村民来说是生活中很重要的一件事情。因为集市在镇上，离村里较远，开车到镇上要40分钟，村里人外出赶集一般要在外面赶一天，到晚上天黑才会回来。

梁军从部队复员后，回到顺安村，继续干他开车的行当。他购置了几辆拉建筑砂石用的卡车，除此之外他家里还有两辆面包车。梁军和自己的弟弟合伙给有修路工程的地方提供修路所需要的砂石水泥之类的建筑材料，并因此获得了不小的收益。这让我猜想梁军留下的一个很重要的原因，是不是扶贫项目里的路面硬化工程给他提供了巨大的商机？扶贫项目很重要的一个工程就是在村里新修水泥路，这为梁军提供了一个"商机"。在我向梁军求证这个问题的时候，他说：如果村里不修路，我照样还是会去其他地方干这一行，我就是干建筑吃饭的，在自己村里干工程和在外边干对我来说都是一个样。梁军认为自己天生注定就是要干这一行，跟扶贫修路没什么太大关系。不过我们客观地来看，梁军确实赶上了好机遇，能在自己村里家门口挣钱，无疑节省了他在外边打工的很大一笔开支，梁军家也从扶贫修路项目中获得不小的收益。

在我跟梁军谈未来打算的时候，他说正在计划搞一个合作社养猪，但是他更为确信的一个打算还是离开顺安村到外边去打工。他说以后父母年纪都大了，自己的弟弟也需要到外面去才能找到对象，而自己如果不趁年轻出去干一番事业，以后的日子会不好过。在我看来，顺安和附近村的道路硬化工程已经差不多要结束了，而梁军购置了好几辆卡车，如果他继续留在村里的话，卡车将会没有用武之地，所以梁军说他将来还是要到外面城里继续干建筑工程，他设想能当一个小包工头，带领一帮人出去干工程。梁军还私下跟我抱怨说不想当副主任，他准备干完这一届就再也不干了。一个原因是做副主任没有"工资"，一个月也就几百块钱，但是需要操心的事情很多，他觉得很不划算。这种情绪不只是梁军有，为我们提供吃住的石副主任也认为村主任费力费心不少，但是基本没什么工资，占用了自己很多精力和时间。石副主任在调查的后半段没有再给我作"向导"，因为那几天正好赶上下雨，他要抓紧时间把地里的玉米种上。

其实，我认为真正让村干部们觉得"划不来"的原因，应该是村里复杂的人际关系。在贫困识别的时候，给农户的家庭经济状况进行打分从而决定谁是贫困户，这是由镇上派来的扶贫工作队进行的，本村的村干部只负责领路，村干部在其中所能起到的作用是很小的。但是，正如我们与镇上负责扶贫工作的领导进行座谈的时候，镇上干部自己所说的那样：扶贫工作在某种程度上使得村干部和村民的关系出现某种程度上的紧张。这种关系的紧张程度主要体现在农户对于扶贫政策的满意程度和对扶贫过程"公平性""合理性"的评价上面。

在入户调查中，有不少非贫困户对于扶贫项目的"公平"和"合理性"表示了不满，用他们自己的话说就是，在扶贫过程中，他们什么都"不得"。他们频繁地用"不得"这个词来表达未被划为贫困户的不满。非贫困户享受不到一系列补助，得不到实际的好处，从而对扶贫工作的"合理性"表示不满，这种不满的情绪可以为我们所理解，但是为什么那些已经被列为贫困户的家庭比非贫困户还表现出对扶贫过程"合理性"更大的不满呢？并且在贫困户，往往是那些实际经济条件比其他贫困户好的，对扶贫工作还表现了更多的不满。

以我所调查的一户贫困户韦高东为例，他是高中毕业生，也是村小组的组长，今年不到50岁，有一个儿子在外面上大学，妻子身体不太好，他和妻子都很焦虑，但是跟我们刚刚调查完的几户的家庭条件相比，他家的经济条件并不是很差。现在他家正在修建一个新房子，新修的房子比我们前面调查的几家的房子都要好。但是他却表现出一种极大的苦闷和不满，而我们之前调查的几家比他家经济状况差很多的贫困户的精神状态和对自己生活的满意度都要远远高于韦高东。韦高东是顺安村唯一对自己的"居住环境"表示不满的人,在我们调查其他户关于"土壤污染和水污染"这一项时,他们都认为没有遭受污染,而韦高东则认为自己遭受了污染,比如垃圾和农药的污染。这种对比引起我很大的困惑,给我作向导的驻村书记则给我做了部分解答:"这跟韦高东对自己的期待有关,韦高东以前的生活比现在要好,现在他的一个孩子在外面读书,自己妻子身体又出现了问题,这些都让他感到焦虑,同时更重要的一个原因在于,韦高东是一个高中生,并且他是顺安村唯一订阅报纸的。"较高的文化水平造成了较高的生活期待,正是较高的自我期待与生活落差的对比,使韦高东在顺安村表现出较多的"不同"和"不满",并且通过阅读报纸了解到外面的信息,使他较为了解环境"污染"。我们之前调查的那几户贫困户,年龄较大,文化水平是小学或者初中,他们经历过60年代更为艰苦的岁月,所以有较高的满足感和满意度,对我们的提问也十分的信任。这说明对扶贫政策的满意程度和对村干部工作认可的调查,除了与扶贫政策、村干部执行状况有关之外,还与农户自己的扶贫"期待"和自我意识有关。对自己经济状况的期待和自己生存状态的认知,确实是因人而异的,与农户的年龄、经历、文化水平和能力技能等因素有关。

在我提问和填写问卷的时候,韦高东始终戴着花镜,务必亲自看完问卷上的问题后,才会回答提问,他的反应和回答速度明显比其他几户慢。这种情况同样也发生在我所调查的另一户非贫困户身上,就是那个没有告诉我他平时还替别人翻地的王文忠。王文忠是个50多岁的单身汉,是家里的顶梁柱，负责抚养自己弟弟的孩子。跟韦高东一样，王文忠也是高中毕业生，同样也是生产小组的组长，看到我拿着问卷表后，他的第一反应也是跑上楼去拿出自己的老花镜戴上。在提问的过程中，即便我已经把问题表述得很清晰，他还是要将问卷亲自阅读一遍思考后才回答我的问题，王文忠思考和回答问题的时间比韦高东还要长。在问他的收入时，我们之间产生了一些僵持，因为王文忠的一些言词明显表明他说得不是真实情况，在我表示他思考的时间过长会影响调查的进度时，他的女邻居替他打抱不平说："如果你跟我们一样说我们本地的话，他会回答你很快，因为你说的不是我们本地话，他要反应一下，理解一下你说的意思。"我也愿意相信王文忠是因为听不懂我的话才回答得比较慢，我们在他收入问题上的僵持也很可能是语言沟通上的问题。但实际上，在询问家庭收入这一敏感问题时，被访问者回答问题反应时间不仅仅是语言沟通的问题，还跟被访问者的自身生产生活状况有关：那些具备较强致富愿望和劳动能力的贫困户，他们对于自己的收入比较坦诚，对于扶贫带给他们的实际"好处"并不是十分在乎，回答问题比较直接，反应时间也较短；身体状况较差、劳动能力和致富意愿相对都较弱的贫困户，他们在回答收入和支出问题的时候顾虑就比较多，对于扶贫过程中实际带给他们的"好处"比较在乎，回答问题的反应时间就会较长。

在给王文忠做问卷调查的过程中，我几次向陪我一起来给我作"向导"的正主任求助，他远远地坐在客厅正中的沙发椅上,很少给我翻译,翻译的时候也是三言两语说得很简单。在对王文忠的调查快要结束的时候,韩老师他们结束调查来看我的调查情况,我向韩老师反映了"翻译"的问题,韩老师对正主任说:"你们应该帮帮他(也就是我),不能光在一边坐着,毕竟他们跟当地人语言交流上有问题。"当时正主任没有说什么,我们中午吃饭的时候,正主任才通过驻村书记向我们说明其中的内情:原来王文忠对正主任的意见很大,对正主任很不信任,认为自己没有评上贫困户跟正主任有很大关系,所以在我一进门的时候,王文忠就警告正主任不要靠近我,以免影响我对他的评判。这样我才恍然大悟,为什么正主任一直远远地坐在离我很远的地方。我也才明白,在我向王文忠解释不是来给他重新"打分"的,调查结果不会对他是贫困户还是非贫困户产生任何影响的时候,他的反应和回答才恢复到正常的速度,也才表现出了较多的信任和真诚。由这件小事足可以看出,顺安村干部和村民之间关系的复杂,其中的微妙之处,我们这些说着普通话听不懂方言的"聋子""哑巴"是很难体会的。

在我对梁军家的问卷调查将要结束的那个下午,他表现得有点兴奋和躁动,因为他马上要去参加村里年轻人发起的一个小型聚会,庆祝新买了一辆汽车,这个年轻人邀请了亲朋好友来参加这次聚会,梁军作为村里拥有汽车数量最多的老司机自然受到了邀请。梁军说聚会马上就要开始了,他已经有点迫不及待了,并邀请我一起去。出于习惯性礼貌,我拒绝了梁军的盛情。晚上在石副主任家里吃晚饭的时候，驻村书记用他的手机给我展示梁军他们聚会的场面，通过微信视频我看到一群年轻人围在摆满肉菜的酒席上高兴地划拳喝酒，他们划拳的酒令听起来像是古老的歌谣。我在想，也许壮族和瑶族能歌善舞的本能在划拳喝酒的酒令中得到了唯一的遗传和保存，为了庆祝买了新车而举行的这个聚会难道不就是一种古老的仪式吗？我有点后悔没有参加这次小型的聚会，错失了一次跟村里的年轻人接触的机会，从他们发给驻村书记的微信视频上，我惊讶地发现顺安村原来还有这么多的年轻人。

五 改变与被改变

顺安村扶贫工作的真正主角是驻村第一书记，因为来自上面的指令和来自下面的问题，最终都汇总到书记处，许许多多具体问题都需要他去面对并解决。书记基本上每天都工作到凌晨一两点，除了协助我们白天的调研，晚上他还要提交上面要求的各种工作汇报和表格。在开车送我们回县城的那天晚上，他说他们这些驻村的第一书记们有一个微信群，在群里大家都互相称呼为"表哥""表姐""表妹""表弟"，因为之前有段时间，他们每天向上面提交的各种汇报和表格实在太多，甚至因此占用了太多做实际工作的时间。因为这些表格和汇报关系工作考核，他们自然不敢怠慢。不过书记讲述的是过去的事了，他说去年年底《人民日报》有一篇社论批评了这种过多表格的现象，所以他们现在的情况好多了，提交的表格也比过去少多了。

有几天我们看到书记的眼球里布满血丝，有很重的黑眼圈，知道担任驻村书记对他来说并不是件轻松的工作。有一次我看到他的工作日记本，问他有没有每天做日记，把自己的感想和想法记录下来，以后自己离开顺安村了，这个日记就会成为很珍贵的记忆。他递给我他的工作日记说，"我不敢写那些太情绪化的东西，因为那些消极的东西实在太多了，我在工作日记上只写每天要干什么事情，列一个工作日程，完成了的就在前面画个对号"。我翻了几页，果然本子上按序把每天要做的事情写得满满的。我也能理解，如果过分关注工作过程中的情绪以及负面的事情，会消磨掉他的意志。他说："很多事情太敏感了，牵涉到很多事情，不能说。如果我是一个会写小说的小说家的话，我肯定要把自己这一年来经历过的事情写成一本很好的小说，因为小说里的人物都是虚构的，别人没法把你怎么样。而日记就不行了，很容易就知道是谁写的，写的是谁。"

他说他们这些驻村书记第一年刚来的时候，豪情壮志，立志要改变农村，真正做一番事业，可是一年之后，好多人意志都消沉下去，发现真正想要在农村做事情还是太难了，没有改变农村，反而自己被农村改变了。比如书记就一直在为顺安村的用水问题奔波，为了能解决顺安村用水的问题，他跑了很多部门，但是目前还没有消息，他说他应该换一种思路去解决问题。更多的时候他是自责甚至对自己的能力产生怀疑，有时候经常有些愧疚地对我们说："可能是自己的能力有问题，水的问题一直没解决。"除了用水的问题，和农户打交道是他每天的日常，比如一个在外面做过小买卖的男人就经常来找书记"闹事"，如果能被评上贫困户的话，他就可以得到一笔移民安置费，不过按标准他确实不算贫困户，每次喝了酒之后就给书记打电话，放狠话进行人身威胁。我问他这种时候害怕吗？他说反正这个男人跟他"硬"①的话，他也跟他"硬"。不过书记说，他还是比较了解村里人的脾气的，这个男人也就是这么说说，不会真正怎么样。他还告诉我，这个男人之所以这么"记恨"他，是因为这个男人在外面做过生意，见过一点世面，特别想搬到外面镇上去住。但他平时也不在村里住，扶贫的消息是他姐姐告诉他的，可能是他的亲戚说了一些煽风点火的话，使这个男人对驻村书记耿耿于怀。这也可以看出，那些在外面做过小生意"见过世面"的村民才是那些搬迁意愿最强烈的人，不过这些人实际上也并不贫困。

那些真正贫困、住在偏远深山里的村民，往往不想搬迁，这时候就需要书记爬很远的山路去做动员。书记告诉我：住在深山里的人，上了年纪的一般都不愿意搬出来，因为他们觉得自己的人生已经就这样了，搬出去反而不习惯。这时候最能打动他们的理由不是说他们搬出去之后会如何如何好，而是从为他们的子女以后着想的

---

① "硬"就是说狠话的意思。

角度来劝说,这样的策略往往是最有效的,这是书记自己的经验。山里的人考虑到自己的时候,一般搬迁的愿望不会很强烈,但是如果对他们讲搬出去会对他们的孩子有多大的好处,他们为了自己的孩子着想就会有较强的搬迁意愿。这就需要驻村书记不断地劝导和说服,而在这个过程中还要考虑到各种传统、风俗和信仰的影响,比如有一户不愿意搬迁是因为他们通过算命和占卜认为今年搬出去不吉利,这时候书记会去跟风水先生谈,通过风水师的法术来化解这种"不吉利",让风水先生去跟这户人家说:没事儿,今年可以搬。农村人对于家屋风水位置非常重视,作为一种具有长久历史积淀的民族心理结构,不能简单地批评为"封建迷信",相比于简单的动员方式,这种对于农民风俗、心理、习惯的尊重,无疑是一种值得借鉴的思考方式。

六 贫困的伦理

以国家为主体推动力的扶贫行为是一种"非自然"的外在的积极干预,这种干预作为一种外来的力量,必然会对"自然"的演进进程带来不同程度的扰动。这一行为对于农村内部村民之间、村民与干部之间的关系,产生了怎样的影响,是我们需要关注的问题。

正式进入顺安村之前,我们在镇上开过一次小型的座谈会,我询问书记关于扶贫项目对村里人际关系的影响,书记对我说:"你这个问题不是一个经济问题,而是一个道德问题了。"确实，扶贫项目在很多时候涉及的是伦理层面问题。对于村民来说，生活除了经济理性的维度，"情义"和"道义"也是村民生活中非常重要的一维。以我们调查的顺安村王学山为例，他今年70多岁，有三个儿子，大儿子和二儿子经济条件相对来说都比较好，老人和大儿子、二儿子已经分家，现在跟着小儿子生活。一开始看王学山扶贫档案的时候，我们认为这是符合经济理性的，因为和大儿子、二儿子分家，老人能够评上贫困户，如果跟着自己的大儿子或者二儿子生活就评不上贫困户。但是通过跟王学山老人交流我们才发现，问题并不只是一个经济理性那么简单：原来，跟老人同一个户口的那个"三儿子"不是老人的亲生孩子，而是他收养的自己侄子的孩子，老人的侄子早早去世了，侄子的妻子也改嫁到外地，所以老人就收养了这个孩子，并且现在还供他在外面读大学。问老人为什么不跟着自己的大儿子或者二儿子过，老人摆摆手说，"孩子们有他们自己的生活，我不去跟他们掺和，我有我自己的生活"。

王学山老人认为自己这辈子最骄傲的事情就是收养了这个孩子，并且一直供他在外面读书，而他这辈子最遗憾的事情则是自己的民办教师没有转正。原来老人也有高中文凭，当过民办老师，后来他因为"超生"被辞退，这是他最不能放下的一件事情。"超生"的问题也是顺安村一个普遍而突出的问题，顺安村不少贫困户家里都有三个以上孩子，有两三个女儿的家庭也不在少数，有的甚至有六个女儿，这个20世纪80年代的"历史遗留问题"一直和我们今天的扶贫工作产生令人困惑的纠结。在我们结束镇里座谈回来的路上,县扶贫办主任就用一种说笑话的语气对我们说,现在他们要扶持帮助的贫困户很多是80年代的超生户。在80年代计划生育时期,村镇干部追着超生户罚了他们不少钱,很多超生户除了东躲西藏,也确实付出了不少的经济和社会成本,除了政府的罚款,众多的孩子也带来较为沉重的经济负担,这些原因都可能导致一个家庭的贫穷。今天顺安村的很多扶贫对象都是当年的超生户,当地的干部以一种哭笑不得的讲笑话的方式给我们讲述这种情况,但是仔细想想,这不仅仅是一个"笑话",还包含着很多复杂的情绪:不管对于扶贫干部还是扶贫对象来说,这无疑是一个伦理难题,三四十年前那些被"惩罚"的人今天成了政府帮扶的对象,这样的情境和困境,经历者和旁观者都无法进行道德的判断,只能以一种说"笑话"的方式被不断地"叙述",这种叙述在实现了价值悬置的同时,对当地的干部来说也是一种对于无以表达情绪的"疏解"。

扶贫项目对于贫困户的影响比较复杂,扶贫项目对于不同的身体条件、不同的劳动能力、不同的精神状况、不同的道德状态的人所产生的影响是不同的。大部分贫困户的致贫原因是各种客观的自然和社会条件的限制,而不是因为他们劳动和致富的意愿太低。扶贫项目通过对于缺乏技术和资金的农户进行支持,的确会对那些有较强致富意愿的中青年劳动力产生积极的促进作用。但是确实也有一部分贫困户是因为家庭责任感较差,对于劳动生产不关心。用驻村书记的话说，跟他的家庭传统和家庭责任感有关。对于那些劳动能力较弱、责任感较差的贫困户来说，扶贫项目也会使他们产生一种依赖心理。

在扶贫干部进村的时候，就有非贫困户对扶贫干部抱怨说："你们现在就是在奖励懒人，鼓励懒惰。"这就涉及扶贫工作中的"负向激励"问题，驻村书记跟我说，非贫困户抱怨扶贫项目是在鼓励懒惰、奖励懒人。一些拿"低保"的贫困户虽然有强壮的劳动力，但是他们待在家里等"低保"换酒买肉享受生活，甚至丢荒土地等，反正低保也够生活了；一些家庭孩子多，且这些孩子处于义务教育阶段，国家已经养这些孩子了，他们往往在学期末还把在学校吃不完的米一袋一袋地带回家，有人说"他们家长该拿低保金去存款了"；一些家庭人口多，家庭每月低保收入是村干部工资收入的两倍，"低收入的人还得为高收入的做材料领钱"。有些吃到低保金的甚至炫耀有能耐："国家不会让我们饿死的，反正没得吃了国家会养我们的。"有些想尽一切办法装穷叫苦："你在顺安问一问，哪家哪个不说我家最困难。"驻村书记跟我说过一个他比较纠结的事情，在我们去山里一个较为偏远的村小组的时候，驻村书记指着路边一处房子说，这家只有一个十几岁正在上初中的小姑娘自己住。我们对于在这么偏远的地方小姑娘一个人住感到震惊。原来女孩的母亲很早就去世了，她的父亲常年在外边打工，小姑娘平时在学校里住宿，只在周六周日的时候回到自家山上的房子里居住。驻村书记说他在犹豫要不要帮扶这个小姑娘，因为如果他帮扶的话，怕她以后产生依赖心理。书记有朋友帮扶了一个孩子后，那个孩子逐渐地产生了很强的依赖心理，什么都要那个朋友帮忙。

扶贫项目对非贫困户的影响。非贫困户虽然嘴上意见很大，说完之后还是该干什么干什么，还是会按照他自己的生活习惯去进行勤勉的劳动，并不会因为眼红贫困户而不再勤快地进行劳动生产。用驻村书记的话说："勤快的还是勤快，不勤快的还是不勤快，扶贫项目影响村民的心理，但是不影响他们的行动。"村里的勤快人心理有变化，主要是有牢骚，认为是在养懒人，但是发完牢骚，他们该干嘛还是干嘛。虽然扶贫项目对非贫困户本身的生活不会产生太大的影响，但是扶贫项目对非贫困户和贫困户之间的关系产生了较大的影响：贫困户与非贫困户之间正树立起一道看不见的隔膜，在村里需要做公益性事项时，非贫困户说："国家有低保养贫困户，我们又不需要政府养，有事你们找贫困户去。"

七 贫困帮扶中的新型干群关系

从村民与乡镇干部之间的关系方面来看，扶贫项目无疑是在科级及其以上的干部与贫困户之间建立了一种新的联系，即通过科级及其以上干部"认领"贫困户，与贫困户结成帮扶对子，一般是科级干部"认领"11户贫困户，处级干部"认领"13户贫困户。这样"认领"了贫困户的干部就成为贫困户的"扶贫联络人"。"扶贫联络人"的主要作用和职责是帮助和指导贫困户脱贫，给贫困户"出主意"，并且对干部有硬性的脱贫指标。这种硬性的指标带给科级干部一定的工作压力，但是这种硬性的规定和贫困户建立的这种"帮扶"关系，使科级及其以上干部实际上成为这些贫困户的大"家长"，成为一个类似于古代"里长""保甲"性质的村民中介人和"保护人"。

在和县里扶贫办主任、统计局局长的座谈中，扶贫办主任就对我们说，他每周至少要给自己认领的每户贫困户打一两个电话，询问他们最近的工作、生活情况，这种联系的次数是不固定的，完全取决于有没有"需要"，也就是一旦有了好的工作机会、能为贫困户脱贫的机会、增加贫困户收入的机会、新的扶贫政策的时候，这些干部就会立刻想到他们认领的那些贫困户，随时通过电话联系他们，给他们介绍这些就业脱贫的机会，或者为他们解释传达新的扶贫政策。当然，这种"联系"不是单向的"自上而下"的，而是双向的，实际上贫困户自己自发主动地给所属的"联络人"打电话的次数都远远超过联络人联系贫困户的次数。

根据与我们座谈的两位联络人的介绍，贫困户遇到了困难，首先就会想到给联络人打电话。这两位联络人笑称平时对自己的父母都不会这么关心，给自己的父母一周甚至一个月都不会打一个电话，而因为政策上的规定，却每周都要打电话"关心"自己的贫困户；甚至贫困户生病了，他的联络人会去医院给他们办理相关的医疗手续。对于家里有孩子正在上学的贫困户，联络人会定期去给这些贫困户做思想工作，让孩子坚持把学上完，当然，这是对有较强的读书意愿和能力的孩子的。

而且这种对于上学的"说服"工作，还要落实到物质鼓励上来，比如初中毕业考上技校的，政府每学期都要进行补助，一学期1500元，即一年3000元。考上高中的要鼓励他们继续考大学，考上大学以后，县里会对这些家庭进行补助奖励。对于考不上学的、需要工作的贫困户，联络人会帮助这些具有劳动能力和劳动意愿的贫困户在外面找工作，给他们引见"大老板"，一旦有了合适的招工信息和机会，联络人都会第一时间通知自己的贫困户。在贫困户通过自己的联系和介绍去外地打工之后，联络人也会定期给这些外出打工的贫困户打电话询问他们的工作情况，比如工作顺不顺利？有没有遇到什么困难和麻烦？这就是联络人扶贫工作中的"追踪"。对于留守在家的妇女，联络人还会给她们联系手工活，比如安装手机零部件、手工编织等；对于年纪较大的贫困户，每逢过年过节，联络人都会去这些贫困户家里进行慰问。

以上种种，说明科级干部虽然是在一种被动和强制性的要求下跟贫困户交往，但是这种规定性要求实际上建立了一种新的干群关系，使干部成为贫困户的"大家长"，无疑会加强干部和村民之间的联系，建立一种新的"伦理关系"。虽然这是一种外力的非主动关系，但是这种关系经过一段时间的维持，双方都会由被动到主动，由强制到自愿，甚至产生心理、情感上的挂念和依赖。虽然自身能力有限、距离村民较远，或者因为认领的贫困户户数较多，联络人实际上给贫困户带来的经济上的帮助十分有限，但是这种联系更为重要的影响在于"情感"上，即村民从心理和情感上找到了"归属感"，找到了一个"大的家"。这样一种对于政府、干部的心理归属和认同，使农民在面对风险时，在经济和心理危机边缘获得一种组织感和安全感。

八 拿出证件来

有一天下午我们跟石副主任提出要步行去弄龙屯，石副主任让一个来接孩子放学的司机捎送我们一程，那是一辆破旧的五菱面包车，一上车司机就对我们说他的地在修高速的时候被占了，现在没有地该怎么办？他的妻子在县城一网吧做网管，一个月一千多块钱，而孩子太小需要照顾，所以他留在家里。他说等孩子大一点，他也要去外边打工。司机一直把我们送到去往弄龙的山脚下，翻过一个坳口就是弄龙屯，弄龙当然也是在一个弄场里，四周被山包围，中间低平地带种满了玉米，玉米地的旁边是几处传统的房屋，在传统的房屋旁边也有正在修建的水泥房子。

我们以为这里顶多有两三户人家，快走到弄场玉米地的时候，我们遇到一个放羊的女人，问她这里面有多少人住，她说有80多个人，我们觉得她是在开玩笑，继续走到房子跟前，问一个坐在路边的男人，男人说八九十个人吧。只有走近的时候才会发现这些老式房子从远处看起来是一户人家，其实每幢大房子都有几户，大家共用一个房顶，大概是兄弟分家之后形成的这种居住格局，房子挨着房子，房子后面还藏着房子，仔细数数十几户是有的，不过大部分房子里住的是老人，年轻人都到外边打工去了，所以弄龙的常住人口有三四十人。

坐在屯口的男人一开始还积极地回答我们的提问，说自己有孩子在外面打工，后来问到是不是贫困户这个敏感问题的时候，男人的妻子（也就是放羊的女人）突然对男人大声喝道：不要再跟他说了，问他有没有证件。于是男人也警觉起来，问我们是什么人，有没有证件。我们只好作罢，离开了弄龙。在回去的路上，书记发来信息说，弄龙的人打电话给他，反映"晚上有两个神秘人物在弄龙问东问西，是不是坏人？问他们要证件，他们又拿不出来"。一进弄龙见到那个放羊女人的时候，我就觉得她面熟，应该是在哪里见过，仔细回忆才想起来，原来是跟帮扶的司法干部入户的时候，见过这个女人。当时她正在向司法局的干部要申请贫困户的宣传材料，所以比较引人注意，因为司法干部在给其他村民发扶贫宣传材料的时候，有不少村民都推拒这些材料，他们说"我们不要这些东西，你给我们点实实在在的东西（比如钱）我们才要"。而这个放羊女人主动向司法局的干部要了很多材料，还非常认真地询问了一些问题。原来放羊女人因为家里有新盖的房子，还有孩子在外面打工，这两项都会影响她申请贫困户。放羊女人一直在努力争取，所以在她的丈夫对我们说自己有两个孩子在外面打工的时候，她十分紧张地喝断了自己的丈夫，害怕我们知道了实情而影响她申请贫困户。

为什么村民们要争当贫困户呢？当然是因为当上贫困户会得到很多好处，但是问题的答案似乎不是这么简单，因为一个社会人不仅仅存在追求经济利益的动力，尤其是对于生活在农村这种"熟人社会"里的农民来说，除了经济理性，还有"面子"这样的问题。从伦理上来讲，作为贫困户应该是一件很没面子的事情，这说明自己的经济能力低。贫困和对贫困的斗争——反贫困，一种经济行为和一种经济状况，所触及的是一个道德和伦理的问题，这就需要我们对于"贫困"进行伦理学和价值观的考察。"贫困"不仅是一种经济"状况"，更是一种"道德"和"伦理"状态。

直到宋明以后，贫困才跟道德的"低下"挂钩，使得"贫"这种单纯意指经济生活的指标变成了一种道德和价值上的判定。① 但是大家争当贫困户，说明贫困户没有和面子挂钩，大家没有觉得这是一件不光荣的事情，如何来解释这个呢？这是因为市场选择的"没面子"与政策争利下的"没面子"不同，市场选择出的贫困户说明农户没能力，政策争利下的贫困户反而证明农户有能力，在村民看来，通过自己的关系运作当上贫困户，反而证明了自己有能力、有面子，因为贫困户资源紧缺，不是谁都能选上的。市场竞争已经进入所谓的农村熟人社会，村民已经认可市场竞争规则，这当然不是说农村熟人社会已经瓦解，

---

① 梁其姿：《施善与教化——明清的慈善组织》，河北教育出版社，2001。

而是熟人社会和市场经济的规则结合,这么多人争当贫困户,是因为社会的评价体系里,一个人以怎样的方式获得财富和他的名誉并不挂钩,所以才不顾面子去争当。

九 加东"围城"

我们计划走遍顺安村的每一个弄场,尤其是那些有挑战性的地方,石主任介绍说弄邦和弄歪是最难走的,而加东则是距离村部最远的。我们走了两三个小时才到加东屯,加东屯之前有个教学点,这个教学点的房子现在已经坍塌。我们走到加东小学后面的一户人家,这座传统的木石结构的房子内部非常凉快,和外面热晒的山路形成鲜明的对照。我们坐在屋里盛赞这座老房子的凉爽,不过房子的主人并不搭话,对我们比较冷淡,只有女主人有一句没一句地用壮话说早上猴群下山来吃庄稼,他们放炮仗把猴群赶上了山。女主人的丈夫始终没有跟我们说一句话,他起先在电视机前看电视,然后又出门赶羊上山,而他的光棍哥哥则一直躺在床上睡觉。走出这户人家的时候,给我们作向导的福兴旅游公司老板对我们说:"这户人家不愿意搬迁,他们听你们说普通话,可能以为你们是来动员他们搬迁的,所以对你们比较冷淡,如果是说壮话的本地人来了,他们不会这样,会很热情的。"

我们爬上一个坳口,发现坳口下面弄场里的人家已经搬迁出去了,旅游公司的老板指着几棵挨在一起的芭蕉树说:一般山里人家在家屋旁边都会种上几棵芭蕉树,芭蕉树所在的地方就是家屋的位置。芭蕉树旁的屋子已经拆干净，只留下几根拆不掉的石头柱子。我们原路折回，从另一条小路岔到另一个坳口，翻过坳口就是顺安村最远的屯——在顺安村的最西边，从坳口上看弄场里住着三四户人家，其中两户是共住一间大房子，这两户的父辈是亲兄弟。路边石头上散落的红色包装纸说明这里也刚放过驱赶猴群的鞭炮，一到玉米快要成熟的季节，山上的猴群就要下到弄场的地里来偷吃玉米，据弄场里的人家说，这里20多年前就有猴子了。

去的这户人家户主80多岁了，我们到他家台阶上的时候，他正在羊圈里准备赶羊上山，本以为他跟之前那户一样，借着赶羊躲开我们。谁知道过了几分钟以后，他又从屋后面回来了，原来他把羊赶上山后立刻回来招待我们。他佝偻着背的妻子艰难地从里屋拿板凳给我们坐，四五十岁的儿子拿出芭蕉、番石榴、南瓜子招待我们，还有一个儿子在外面打工。户主对我们说，如果回到村部遇到书记了，让我们问问书记什么时候搬迁，他们想早点搬迁出去。我们去房子后面的厨房看了看，使我感到惊异的是做饭的地方竟然有一台一人多高的立式冰箱，要知道我们进来弄场的山路十分得狭窄崎岖，即便是一个人空着手拄着杆子走也很吃力，这台高大的冰箱是怎么抬进来的呢？而他们要搬迁出去，那这台冰箱无疑将会以同样的肩挑手扛的方式被运出山去。

我们离开这户人家，重新回到加东小学的大树下面，眼前的一堆空心砖和一条钢丝溜索引起了我们的好奇，为什么还要费这么大力气在山里盖房子？钢丝溜索上每次只能拉一两块空心砖，溜索一直拉到相对高度五六十米高的坳口，还要再从坳口滑到山另一面的弄场里，难度可想而知。原来溜索的终点是一户老师家里，这个老师想搬迁出去，可是因为他是教师，不是贫困户，不符合易地搬迁的条件，而自己的老房子眼看要倒塌了，不得不进行修缮，于是用溜索来拉空心砖。像"围城"一样，想搬的搬不出去，不想搬的动员不了。

十　纯农民群

中秋节在石副主任的妹夫家吃饭，因为过节石副主任家的亲戚们要家庭聚会，就不单独给我们做饭，我们也去热闹一下。由于不会说壮话，闷着头吃饭，酒足饭饱之后躺在门口的躺椅里抽烟，酒席要撤的时候，突然听到一位石姓村民在饭桌对我们说之前有篇写顺安村的文章，不等他说完，我就坐到他旁边的椅子上拿出手机找到那篇《顺安村的叙事》，问是不是这篇，他说是这篇，我问写得怎么样，他说写得很真实，大家在群里都点赞，群里的人还在猜测这篇文章是谁写的，一致的看法肯定不是镇上的记者写的，也不是县里的记者写的，因为这两个地方的记者写的东西掺水比较多，也不是《南国早报》的记者，因为只有买六合彩的人才会看《南国早报》，懂行的人能从《南国早报》的头版图片里看出中奖的门道，他们说这个文章肯定是自治区或者是中央的记者写的。

"他们"原来是顺安村的村微信群,而且进群的标准很严格,只有"纯"农民才能进这个群,比如在顺安村只种地、养殖的才算"纯"农民,而只要是吃公家饭,比如老师、村委的、政府的,这些都不算"纯"农民,而且在外打工的也不算"纯"农民,都不能在这个微信群里。这位石姓农民对于"纯"农民的定义,使我想起美国社会人类学家 Robert Redfield 在《农民社会与文化:人类学对文明的一种诠释》中对于"耕种的农民"的定义:"我把所有那些完全靠种植来谋生的群体一概称为耕种的农民们,我们把耕种的农民定义为:一个基于传统和自己内心情感的纽带而使自己长期附着于一块儿土地上,而且对于这块土地有着充分控制权的人。"[1] 可见顺安村村民对于"纯"农民的定义和罗伯特对于"耕种的农民"的定义有相通之处。

除了这个"纯"农民群,他还给我展示了他加入的另外两个微信群:百福农牧技术交流群、新型农民养殖交流群。这两个群各自都有40多个成员,是由县里农业局科教科的一个科长建立的,每个礼拜在群里讲一次课,一次一个小时,这两个群同样对入群人员有严格要求:只有参加过县里组织的技术培训的人才能在群里。这个村民笑着对我说:"之前我把我媳妇拉进这个群,后来我媳妇被踢出群了。"他去年(2016年)10月报名参加了县里组织的农业养殖技术培训,当时整个镇有18个名额,9个人报名参加,

---

[1] 〔美〕罗伯特·芮德菲尔德(Robert Redfield):《农民社会与文化:人类学对文明的一种诠释》,王莹译,中国社会科学出版社,2013,第40页。

其中顺安村有2个，还有1个报名的是镇上农教科领导的亲戚，但后来那个人也去外地打工了，并没有回村发展养殖。石姓村民说他们这些报名的去省城的农业学校学习了15天，其中10天用来学习，5天用来参观，车费生活费全免。不过他说学习的时间太短了，学到的东西很有限，所以村里有人家的牛生病了来咨询他的时候，他说他就学了几天，也没学明白。今年他还想再报名去学习，但是农科站的人告诉他已经培训过的6年以内不能再报名了。

  有趣的是，我之前对这个石姓村民做过问卷调查，知道他家里有3个孩子，其中两个儿子是双胞胎。他说自从有了孩子后，就再也没买过六合彩了，生活压力太大。以前他的父亲是屠夫，他子承父业也干过一阵子，以前村里到镇上的路不通的时候，他的买卖还可以，但村到镇上的路修通以后，他的生意就不好了，因为外边的猪肉进到村里来了，而且农民养殖少了。他说虽然自己现在不买六合彩，但是他鼓励自己的父亲买。六合彩一块钱一个，一个月有12期，他一期给自己的父亲20块钱，他和自己的兄弟甚至商量每人一个月给自己的父亲150块钱让他买六合彩，因为他父亲平时总是闷闷不乐，儿子们尽点孝心，希望通过买六合彩带给他点乐趣。他父亲刚开始买六合彩的时候，兴趣盎然，从中找到了很多乐趣，心情变得好起来，结果每个月反倒省下了五六百块钱的医药费，没想到六合彩成了治病良方。但是穷了一辈子的父亲舍不得花钱，好说歹说，每期只下一块钱的注。后来他父亲发现买来买去，只有投入，总也中不了，兴趣渐渐消耗殆尽，最终一块钱的六合彩也不买了。

现在他的父亲又开始闷闷不乐了……

十一 修路的"两派"和说谎的"老乡"

同样是一个夕阳西下的傍晚，我们顺着上山的山间水泥公路一直往山上走，希望能在天黑之前登上山顶俯瞰群山，经过放羊的羊倌、两百年历史的壮族老屋，我们走入了一段正在修建的山路，待我们顺着这些铺满石子的路基抵达山坳的时候，四周的阳光已经黯淡下来，只看到远方的山尖紧凑地排列在天际。

正当我们准备就此止步原路返回的时候，突然听到山路坳口拐角的地方有叮叮当当的敲打声，这深山的晚上还有清脆的敲击石块的声音着实令我们好奇。寻着声音我们发现了3个壮年男子，光着膀子，戴着口罩，正有节奏地挥动着大锤敲击着挡在路中间的一堆山石，原来我们走上来的路正是他们修建的。这样的场景让我感到震惊，脑子里只有四个字——愚公移山来描绘眼前看到的。三位村民用最原始的铁锤、铁钎在深山里修了一条五六公里的"公路"，从2016年3月开始修路到今天已经快两年了，而这条路的终点是一个只有十几户的村民小组——加重队。这个村民小组全部是瑶族，共有十多户人家不到60人，有一半的人外出打工，这项"浩大"的修路工程只是为了这30多口人。

按照标准的施工费用，这样一公里山路就要花费30多万元，政府当然不会为了30多个人修一条总造价200多万元的公路。无望地等待了多年之后，加重队的青年人决定自己干。他们说政府没有投一分钱，修路的资金都是自己筹集的。修路的青年说，因为我们这里不通路，外边的人看不起我们，我们修路就是为了争口气。更令我们感到震惊的是，这个常住人口30多人的村民小组，因为修路竟然分成了两派：一派主张在我们现在走的这条路上修，另一派主张从屯里的另一头修。也就是说这个村民小组同时修了两条路，一派修这条，另一派修那条。所谓的一派其实只有6个人，另外修路的一派也不足10人。青年非常热情友好地把我们领到他们村屯，介绍他们的基本情况。那是一个大宗族，据说已在山弄里居住了11代。祖上因逃避战乱躲在这深山里求生，一代代地生存下来，现已有十来户60多口人。

很快天色漆黑，我们只得准备下山，修路的青年一定要送我们，我们一再请他留步，他也不从。此时天上开始下起小雨，驻村书记不放心我们的安全，电话联系确知我们的方位后，便快速开车到山下可停车处，步行到山上来接应我们。见面后，我们向还在山上修路的青年和另外两人道别、道谢后，便顺着他们新修的路往山下走。书记说："你看这路修得这么陡，根本不能开车，他们修的路不符合施工的标准。"确实，加重队用传统的方法修出来的路，直上直下，坡度很陡，根本没法在上面开车。不过驻村书记这时又表现出很羡慕的语气说："我挺羡慕他们（指修路的这些人），能专心地做一件事情，其他的都不用考虑，能专心做一件事情是很幸福的。"驻村书记就不能专心致志地做一件事情，各种琐事分散了他的精力，他要不断地应付各种检查、填写各种表格、接受各种考核，刚入村时曾下定决心多为百姓办实事、办好事，但常有力不从心的感觉。所以他有感而发，说很羡慕这些专心修路的人。

有一次，几个村民在聊天，见书记路过，便对书记说："书记好呀，辛苦啦。"书记听了这话心里挺暖的，说："应该的。"

书记往前走，听到他们议论说："每天加班做好多材料，真的辛苦。"

"哎，都没有时间做点实际的，白辛苦了。"

书记听了心里哇凉哇凉的，其实书记做了不少实际的工作，特别是供水、供电、修路和发展特色产业，还有移民搬迁方面，他觉得自己尽职尽责，做得都还不错。饮水安全问题基本得到解决；路也按规划修通到了预计的几个村民小组；消灭了无电区；移民搬迁规模和效果在镇里是数一数二；产业方面也正在发展起来。但是，书记内心也很苦，知道群众对扶贫优惠政策的期望越来越高，似乎正在超过他能力的极限。他感觉费了九牛二虎之力，可总达不到自己想要的结果。

大多数老乡是诚实可信、善良可亲的，但他们也有他们的打算，有他们的算计，有时也有他们的狡猾之处。

在另一个余晖将近的黄昏，我们步行去参观村返乡青年的创业项目——养猪场。从大兴镇进入顺安村村部，必要翻过一个坳口，翻过坳口，第一眼就会看到这个蓝色彩钢顶棚的养猪场。养猪场是顺安村一个返乡创业青年办的，占地面积1500平方米，投资30多万元。听村民说青年大部分时间都在县城生活，找市场、合作伙伴，养猪场的具体工作基本由他的父亲打理。

我们走到养猪场时，大门紧锁着，我们只能踮着脚透过篷布的空隙一窥究竟，目测大概有四五十头母猪。正当我们要离开之际，一个五六十岁的老乡打着手电迎着我们走来，原来他是青年的叔叔。这个老乡晚上就住在养猪场里，早上负责猪场的清扫、喂养工作。老乡给我们说自己的哥哥（也就是返乡创业青年的父亲）很懒，猪场的工作不怎么干，从来不打扫猪场卫生，大多数又脏又累的活都是由他来做。我们又询问老乡他替自己的哥哥干活每月挣多少工资，老乡说他从来不问，哥哥给他多少他就要多少。

听老乡这么说，我们觉得颇有趣味，便又问老乡，"那你和你家大哥分家没有呢？"

老乡回答说，"吃住都在一起，没有分家。"

"那你们兄弟关系真不错，具有传统中国家庭的美德，现在很难得了。一般说来，兄弟易相处，但结婚成家后，妯娌之间关系较难把握，"我们又高谈阔论起来，"你这样不计工资报酬的劳动，你爱人没有意见吗？"我们问老乡。

"没有意见，自己的妻子跟嫂子好得像亲姐妹一样。"老乡毫不迟疑地回答。

"那你有几个孩子呢？"

"我家两个，一个还在上学，一个已经工作了"。

我们俩对老乡的任劳任怨及和谐的家庭关系真是感到诧异。

晚上回到住处,我们在与书记闲聊村里的扶贫工作时,无意中提起养猪场这位老乡,书记听说后哈哈大笑起来,我们俩甚是莫名其妙。

"你们两个外乡人被骗了,那个人是个光棍,根本没有老婆和孩子。他很懒,生活在他哥哥家,他哥为了照顾他,让他在养猪场帮帮忙,也算有点正事做。"

想到在村里调查农户收支时一次次被欺骗,我们明白了这位老乡不是顺安第一个说谎话的人,也不会是最后一个,这当然不是说这个老乡的道德水平有多高或低。每个人都说过谎话,只是在顺安村接二连三遇到说"谎话"的老乡,我们想探究这背后的原因是什么,而不是小题大做简单地给老乡贴上道德的标签。

据说,离顺安村不远的一个贫困村,一位帮扶干部就因为贫困户"说谎"而被上面通报批评,甚至被撤职。事情起源于这位帮扶干部没有满足他联系的帮扶贫困户要"吃低保"的要求,这家被帮扶的贫困户有10个孩子,户主向帮扶干部提出要吃十份低保,帮扶干部按政策规定无法答应贫困户的要求。虽然这位帮扶干部自2017年5月以来,每月都到贫困户家里开展帮扶工作,但县里派来的暗访组到这户暗访时,这家贫困户就对暗访组的人说自2017年以来这位帮扶干部从没到家来过,他们根本不认识这位帮扶干部。很快,这位帮扶干部在全县被通报批评。

实际上，书记也经常收到村民递交的贫困户申请书，有的因为没有评上贫困户牢骚满腹，有的威胁要告到上级政府，有的甚至打威胁电话。我们曾遇到一位70多岁的老头，到书记的住处和村部来。老头儿满身酒味，醉醺醺的样子，怒气冲冲地责问书记为什么自己没评上。按政策，他家确实不符合贫困户要求。这位"不满"的老头在贫困户申请材料里把自己的生活描述得非常悲惨，但通过仔细摸底调查，他家的经济条件根本不差：在县城有楼房，甚至还有开办企业的事实。

"听说国家扶贫了，好多优惠政策，怎么我们什么都没得"；

"估计书记单位背景不行，权力太小，给村里弄不来多少项目"；

"听说书记工作能力一般，协调不来钱"……

各种杂音不绝于耳，难道这就是我们对扶贫书记的要求吗？难道扶贫就是要没有原则地迁就吗？扶贫到底要解决什么问题呢？

天空的星星眨了眨眼，离我们太远，没有给我们一个明确的答案。一切都需要我们自己去思考和探索。

附录三 顺安村党组织第一书记韦鹏工作总结[①]

上篇 初来乍到识村情

大兴镇顺安村第一书记工作总结

（2015年10月12日至2016年4月）

2015年10月12日至2016年1月29日，仅2016年元旦放假回家3天，其余时间均在村里组织工作队员进行精准识别和建档立卡等工作，是全镇第一个完成和提交镇政府村扶贫调研报告和移民攻坚报告的第一书记。

2016年3月，多方沟通协调政府有关部门，落实项目与资金，硬化屯级道路5条4.33公里，投资143万元，到5月全部完工，通过验收，惠及99户422人。

2016年4月利用"一事一议"项目建设3条屯级砂石路7.5公里，投资约80万元，惠及41户179人。动员64户293人向政府部门提交了移民搬迁申请。关注民生，持续与政府部门沟通协调解决顺安村饮水安全问题，四次向上级打报告。目前政府部门初步答复为，在下半年优先安排项目。鼓励动员能人创业，成立合作社6个，建设运作

---

① 通过研读顺安村党组织第一书记韦鹏自2015年9月驻村两年半的工作总结，我们对于顺安村扶贫脱贫攻坚工作的实际情况、扶贫效果、遇到的问题以及扶贫的方向都有了更深刻的理解，为了保持资料的原创性，笔者只是对错别字和一些明显不通的语句进行了修改。上、中、下三篇篇名为廖永松所加。

中 2 个。协调解决社会矛盾 4 起,其中 3 起与修路有关,1 起与饮水安全有关,避免了群体性事件的发生。

决心与感受:扶贫人到心到,脱贫说到做到,扶贫无愧于心,脱贫无愧于民。

大兴镇顺安村第一书记工作总结

(2015 年 10 月 12 日至 11 月 12 日)

根据自治区扶贫攻坚工作的需要,按照"十三五"全区 5000 贫困户脱贫同步实现小康的总体目标要求,广西投资集团公司积极响应自治区组织部、扶贫办的统一部署,选派第一书记赴都安瑶族自治县,作为第一书记之一入驻该县大兴镇顺安村,与当地政府、村委协同开展扶贫攻坚工作。集团公司党委办公室于 10 月 11 日将第一书记送至都安,第一书记的工作职责正式开始履行。现将一个月以来的工作总结如下。

一、动员攻坚,接受精准扶贫知识培训

2015 年 11 月 12 日至 16 日,在都安县县委、县政府参加自治区精准扶贫动员大会暨第一书记培训会(视频会议)、河池市精准扶贫动员会(视频会议)及都安县扶贫攻坚动员会,接受动员,树立扶贫攻坚的信心与决心,学习精准扶贫知识,为开展攻坚扶贫工作储备知识与能量。为期 5 天的会议均为半天听视频会议、半天分组讨论,认真听取会议讲话、做笔记,积极参与分组讨论,力争把彭清华书记等领导的讲话精神、精准扶贫的工作方法等领悟透,为即将开展的精准识别工作做好准备。同时,将动员大会暨培训会的情况与变化及时向集团公司党委办公室进行汇报、沟通与协调，得到了集团公司领导及党委办公室的大力支持。

二、驻村入户，认真开展精准识别工作

参加完区、市及县级会议后，10月19日，大兴镇召开精准识别工作宣传动员及培训会，第一书记参加。20日大兴镇顺安村召开行政村精准识别工作宣传动员会，驻村第一书记参加。21日集团公司抽调到顺安村的精准识别工作队员3人相继到村，与各村第一书记一道，开展入户识别评估工作。

10月22日至11月12日，完成全村27个村民小组共428户1746人的精准识别入户评估工作，到各村民小组入户评估前，在各村民小组组织召开村民小组精准识别宣传动员会共计26次，2/3以上村民家庭代表397人参加了会议，目前，所有27个村民小组已完成村民小组的评议工作，且均已进行公示，在筹备行政村评议会议中。

在入户识别过程中，按照工作要求，工作队员分组开展工作，各组设立小组长1名、工作队员1名，由村干部带领入户，实事求是地依照各文件规定开展精准识别工作。各工作队员不惧辛苦，翻山越岭是平常事。以其中一个工作组为例，翻山数量按来回计算，一天就翻越14座山，爬山计步13831步，加上平地走路，一天步行共计15300多步。入户识别过程中，工作队员认真、耐心地向村民答疑解惑，宣传精准扶贫政策文件。

工作队白天入户识别填表，晚上加班整理文件资料。

每天06：30起床、19：00回到驻地，特别是需要整理电子版家庭成员信息，每一个家庭成员的姓名、与户主关系、身份证号码等，录入量巨大，需整理资料至凌晨。一个月中，各工作队员持续奋战，休息时间加起来不超过2天，但各工作队员不计个人得失，团结拼搏，毫无怨言地开展着工作。

大兴镇顺安村第一书记工作总结

（2015年11月13日至12月29日）

一、大事记

11月13日，参加都安县精准识别贫困户贫困村工作推进会暨2015年乡村环境卫生大整治工作推进会。

11月14日至16日，按照自治区相关文件，进行单独立户老人识别合并入子女家庭，完成13户的重新入户识别工作。

11月17日，广西投资集团公司郭敏副总裁等到顺安村调研，向集团公司领导进行工作汇报。

11月19日，开始把精准识别入户评估表信息录入系统。

11月21日，由于自治区扶贫办的系统崩溃，改变录入方式，各村以excel表格形式报送，一户一文件，一村民小组一文件夹，顺安村27个村民小组420户1759人；各队员不分昼夜，加班加点，连续奋战，共计建立excel文件420个，文件夹27个，于11月25日按时提交到乡镇政府。

12月1日，第一书记参加大兴镇组织学习《中国共产党廉洁自律准则》、《中国共产党纪律处分条例》以及新农合、危房改造、安全工作会议。

12月3日，由于报送的excel文件数据因各种原因无法使用，自治区要求重新核对、修改精准识别表录入信息，各村重新把精准识别的所有数据按照自治区新的excel文件格式进行录入，至12月9日，完成录入提交乡镇政府扶贫办。

12月15日，对精准识别农户财产检索结果核查，对核查结果存疑的农户，重新入户核查共计24户。

12月17日，将结果报送乡镇扶贫办。

12月22日，第一书记在都安县政府参加全区精准识别建档立卡电视电话会议，接受自治区扶贫办、发改委等八个政府部门相关领导的建档立卡培训，听取自治区黄世勇副主席重要讲话，并回村向工作队员和村两委传达会议精神。

二、其他事项

在完成上述工作间隙，完成精准识别文档资料的整理，于12月25日完成归档工作。

在精准识别工作期间，驻村工作队员参加村内各种工作。顺安村开展屯级道路路基的修整工作，完成6个村民小组5条道路超4公里里程，计划春节前完成路面硬化。

同时，第一书记持续开展进村入户工作，倾听村民心声，与之共商发展之计，为谋划今后精准扶贫工作收集各种信息资料。

中篇　深入实践助脱贫

大兴镇顺安村第一书记工作总结
（2016 年 6 月 30 日）

一、大事记

本月按照工作要求，主要是指导返村创业者韩锐、黄启峰等成立合作社，协调合作社成立事宜。

6 月 21 日，参加大兴镇产业扶贫暨金融帮扶工作座谈会，下午参加都安县脱贫攻坚民生保障专项工作会议。

6 月 23 日，在县大礼堂参加河池市脱贫攻坚工作推进会。

完成各种报表、半年度总结等。

二、其他事项

持续开展进村入户工作，谋划产业扶贫与项目。

大兴镇顺安村第一书记工作总结
（2016 年 8 月 30 日）

8 月，继续全面落实顺安村脱贫攻坚工作，主要围绕产业发展、顺安村群众要求强烈解决的集中供水工程、结对精准帮扶及开展医疗救助等开展工作。月初，按照政府的工休安排，1 日至 10 日进行了工休，工休结束后，立即驻村开展工作，将本月工作总结如下。

1. 继续扎实开展"两学一做"学习教育

按照中央、自治区党委和市委的工作部署，组织顺安村党支部、第一书记临时党支部结合"三会一课"扎实开展"两学一做"专题讨论。本月主要学习习近平总书记关于扶贫攻坚工作的系列重要讲话，通过学习，认清形势，抓准重点，保证思想、行动统一，有序有效开展脱贫攻坚工作。

2. 开展深入细致的调研，编制顺安村标准化养殖场可行性研究报告

结合顺安村的特点，根据贫困村脱贫摘帽的标准，深入贫困户家中，了解他们的发展愿望，与返村创业能人交流，摸清顺安村规模产业发展的底子，与顺安村村委班子研究规划建设顺安村标准化养殖场。8月，向相关专家咨询，探讨在顺安村建设顺安村标准化养殖场的可行性，并着手开始可行性研究报告的编制。但顺安村产业基础薄弱，返村创业者资金缺口较大，产业技术水平较低，想要在顺安村发展规模化养殖业，特别是以养殖黄牛、猪为主导的产业困难还是很大的，必须继续深入开展调查和研究，寻找适合顺安村发展的路子，避免出现盲目开展工作的被动局面，同时也要抓紧时间，与时间赛跑，确保产业质量。

3. 着力完成顺安村民强烈要求解决的饮用水问题

与上级政府部门积极沟通，根据顺安村饮用水的现状，形成报告，向县脱贫攻坚指挥部提交。8月，经向集团公司扶贫领导小组办公室及大兴镇政府领导汇报，修改了顺安村的饮用水现状报告和集中供水方案，于月底向都安县脱贫攻坚指挥部汇报，指挥部领导指示完善相关资料，向县水利局提交报告，由该局根据实际开展相关工作。

4. 精准帮扶，助力贫困户脱贫

都安县司法局对口结对帮扶顺安村，积极与该局相关领导及帮扶人沟通交流，督促开展帮扶工作，完善扶贫手册等，切实落实帮扶工作。都安县司法局有14位领导干部参与顺安村的结对帮扶工作，每人帮扶9~12户不等，8月，协调该局成立帮扶领导小组，确保组织领导，组织开展帮扶培训，督促各帮扶人按照要求入户，向帮扶对象宣传扶贫政策，为帮扶户解决实际困难。在8月上、中旬都安县司法局帮扶人入户超100人次，宣传金融扶贫等扶贫政策，完成了贫困户基本情况表、协议书、承诺书、评级授信表等文本的填写与报送。至8月26日，自治区实施"一帮一联"的"一户一册一卡"工作，根据相关文件要求，参加了相关培训，并立即组织司法局相关帮扶人员开展培训，做好"一户一册一卡"的相关准备，计划于9月上旬落实。根据桂政发〔2016〕83号文精神，按照贫困户"八有一超"的标准，组织各帮扶人，开展2016年脱贫户的双认定工作，本月已完成80%的工作量。

8月，按照都安县党委、政府的产业扶持工作计划以及大兴镇产业扶持"先建后补"的工作方案，组织县司法局跟帮扶人对各自帮扶对象中2016年脱贫户宣传"先建后补"政策，引导贫困户先行采购价值超过1500元的牛、羊、猪、鸡等物资，然后组织入户验收，待全部验收通过后，于8月底进行公示，由政府财政将1500元产业扶持款支付给贫困户。到月底，顺安村所有23户2016年脱贫贫困户已全部完成产业扶持"先建后补"工作，相关材料已按程序提交镇政府。

5. 快速处置江仰村第一书记谢嘉宾因公受伤事件

24日，江仰村第一书记在开展"双认定"工作中，发生车祸受伤，在得知情况后，第一时间组织开展救治工作，并及时向集团公司扶贫领导小组及自治县基层办进行报告。且全程陪护谢嘉宾同志，将救治过程中的各种实时信息第一时间向集团公司扶贫领导小组汇报。经及时妥善救治，减轻了谢嘉宾同志伤痛，目前已转院至来宾市进行手术治疗。临时兼任江仰村第一书记的工作，协调江仰村对口帮扶县直单位都安县市场管理中心开展"一帮一联"的"一户一册一卡"相关工作，继续落实江仰村"双认定"工作等。

6. 开展顺安、江仰村因病致贫调查，落实贫困村医疗救助工作

8月底，集团公司所属企业中恒集团到都安县开展医疗救助调研，协调第一书记临时党支部做好定点帮扶贫困村因病致贫的调查摸底，掌握好第一手数据提交到村调研领导。30日，集团公司领导及中恒集团调研领导到顺安村、江仰村调研，分别组织两村村委及村医进行座谈，调研领导对于第一书记所做的充分准备工作表示肯定，并对于两村村医强烈的继续教育培训愿望表示赞赏。

8月的工作总体有序开展，遇到不少困难，但不因事难而不为。在这个月里，切实落实各项扶贫攻坚工作，为顺安村的脱贫摘帽工作不遗余力，虽然成果不是很明显，但顺安村脱贫之路越来越顺，在今后的摘帽道路上，将继

续发扬实事求是、奋发进取的工作精神，切实落实各项攻坚工作，并就9月的工作计划如下。

（1）继续组织第一书记临时党支部开展各项组织生活，交流工作心得、发现工作缺陷，探索扶贫攻坚路子；

（2）向自治县水利局提交解决顺安村集中供水报告，报送方案；

（3）组织自治县司法局开展"一户一册一卡"工作及"双认定"工作，完成自己所帮扶对象共9户贫困户的入户帮扶工作；

（4）组织第一书记临时党支部到柳州参加由区国资委举办的国企国资驻村第一书记培训班；

（5）协助来宾电厂工会选派人员接替谢嘉宾到江仰村开展第一书记工作，协助新派人员与江仰村委班子、镇党委等开展工作；

（6）走访贫困户，了解贫困户现状及发展需求，与贫困户制订脱贫计划；

（7）完成集团公司及上级党委、政府交办的其他事项。

大兴镇顺安村第一书记工作总结

（2016年9月30日）

9月，顺安村脱贫攻坚进入一个新的阶段，特别是以完成2016年脱贫户"双认定"及产业发展扶持、贯彻落实"一户一册一卡"工作为主要标志，扶贫的方式随着新的形势发展进入新的模式。9月9日，参加集团公司党群工作部（工会办公室）在东庙乡弄坤村组织的"一帮一联"活动，在月底组织桥巩水电站"一帮一联"活动。9月的脱贫攻坚工作在集团公司及上级各级党委、政府的指导和支持下，工作稳步推进，成效较为显著，将本月工作总结如下。

1. 建设好第一书记临时党支部，发挥临时党支部在脱贫攻坚工作中的凝聚作用和促进作用

第一书记临时党支部自建立以来，持续开展以脱贫攻坚工作为核心内容的组织生活，结合"三会一课"切实落实精准扶贫工作，临时党支部的建设得到了集团党委的大力支持、关心与帮助。

在4~7日，集团公司党委组织第一书记们到柳州国资委党校参加国资国企第一书记培训班，学习扶贫攻坚的先进理念、经验，与兄弟单位派驻贫困村第一书记交流，得以拓宽工作思路、方式方法。

21~23日，组织临时党支部第一书记们参加都安县党校"两学一做"专题学习，再一次在党校老师的讲授下学习党章及习近平总书记系列重要讲话。

在两次培训、学习过程中，利用课余间隙，临时党支部组织第一书记们就老师的讲课以及与其他第一书记的交流收获进一步交流、探讨、消化，结合各自所驻贫困村的实际现状，共同商讨各村脱贫摘帽的方法、途径。

另外，在临时党支部驻地东庙乡，制作展板，将制度上墙，时刻告诫临时党支部切实做好精准扶贫工作，完成党和政府及集团公司交付第一书记的神圣艰巨任务。

通过不断的沟通、交流，过好组织生活，临时党支部

的建设成效显著,第一书记的凝聚力不断加强,有力地促进了各村精准扶贫工作向前、向好推进,为圆满完成各村脱贫攻坚任务打下坚实的组织基础。

2.精心组织,精准帮扶,进村入户圆满完成"双认定"及"一户一册一卡"工作

"双认定"工作村级的内容在本月完成收尾工作,进行了村级评议与公示,并及时汇总资料向镇政府提交。第一批"双认定"工作的好坏,检验着今年脱贫工作开展的成效,做好该批次的"双认定"工作,减少了贫困人口,重要的是为今后的贫困户脱贫摘帽工作积累工作经验。

由于与都安县司法局沟通到位,"一户一册一卡"工作有序地开展,成果令人满意,在上旬短短的时间内,既完成了"双认定"的核验与评议工作,又顺利完成所有贫困户的入户填表及换帮扶手册的工作。同时,自己所负责帮扶的9个贫困户也按照计划完成"一户一册一卡"的入户工作,而且还参加了国资国企第一书记培训班,真可谓时间极为紧凑,任务十分紧急,但急而不乱。

9月,按照都安县党委、政府的产业扶持工作安排,向2016年脱贫贫困户赠送价值500元的鸡苗。接到工作任务后,与都安县司法局认真研究工作方案,在发苗当日快速完成工作,鸡苗死亡率在全镇最低。同时,按程序完成公示等工作内容,已将所有材料报送镇政府。

3.切实贯彻落实"一帮一联"精准帮扶工作,让贫困户得到急需的帮助

9月9日,列席集团公司党群工作部(工会办公室)

党支部专题民主生活会，学习了集团公司层面党支部组织生活的开展，受到了教育，并向党群工作部总经理等领导汇报了临时党支部的工作。会后，党支部在东庙乡弄坤村组织"一帮一联"活动，全程参与了慰问贫困户的活动。

9月28日，桥巩水电站分公司党委到顺安村开展"一帮一联"活动，组织党员干部们翻山越岭，深入贫困户家中，为贫困户带去所需物资，与贫困户聊家常、谈脱贫，鼓励帮扶对象树立战胜贫困的信心，下定决心，在各级政府及爱心人士等的关怀和帮助下，靠自己的双手，勤奋劳作，过上好日子。本次活动共计慰问桥巩水电站结对帮扶贫困户14户，每户送去慰问金500元、一壶5L花生油和1袋优质大米。

易地安置移民搬迁是顺安村的工作重点之一，将深山里交通落后、生活艰难、增收无门的贫困户搬出来，搬到生活条件好、基础设施完善的地方，教会他们谋生手段，自食其力，脱贫致富。9月，经过不懈的沟通和努力，按照上级政府部门的规划，报送顺安村易地安置共67户285人。根据了解的信息，八仙A区安置点已开工；大兴镇国隆村敢浩安置点已基本完成征地工作，计划下月开工。贫困户脱离穷山的愿望在明年中就可以实现。

4. 按照计划继续完善集中供水工程的报告，向自治县水利局报送

作为顺安村民意最集中、要求最强烈的一件事，自入村以来，集中供水工程一直作为头等大事来抓，与政府相关部门不断地沟通协调，一心以推动该项目的实施为

目标，方案几经修订，报告也不断修改，给接受报告的单位、部门一个清晰的表达，让项目尽快得到落实。本月底向都安县水利局局长当面提交了报告，附带方案。

局长接见当日，大兴镇水利管片负责人也参与了接见。水利局一致口径为顺安村已经建设集中供水工程并验收通过，顺安村目前存在饮水困难是由于村民想拒交水费白喝水造成无法移交。但村民及村委告知第一书记是因为所建项目达不到工程要求而拒绝接收。同时经调查发现，的确有部分村民想白喝水不交水费，工程的确也存在一定的问题，更深层次的原因有待深入调查。

从水利局返回顺安村后，向集团公司扶贫领导小组进行汇报，领导小组指示尽快调查、协调清楚，解决该集中供水的内部矛盾，妥善将顺安村饮水问题处理好。经与村委及包村镇领导沟通，计划国庆节后将顺安供水问题梳理出新报告，提交政府相关部门。

5. 完成江仰村第一书记工作的移交

4~7日，组织从来宾电厂来临时接替谢嘉宾开展第一书记工作的吴鉴伟同志参加在柳州举办的国资国企第一书记培训，利用培训间隙，不厌其烦地向其介绍江仰村工作情况，以助他尽快进入角色。

9月10日吴鉴伟同志驻村后，继续就实际情况与他交流，使其有序开展相关工作。

在9月这收获的月份里，工作成绩不少，但还不值得骄傲，未来的工作还更加艰难，10月的工作计划如下。

（1）继续深入开展第一书记临时党支部的工作，努力将临时党支部建设成为优秀的党支部,组织临时党支部到自治区农科院学习考察,寻求贫困村走康庄大道突破点。

(2)组织开展顺安村供水工程始末的报告,尽早向政府部门提交,推动项目的落地实施,尽快实现村民们的安全饮水愿望。

(3)与村委班子一道,研究、规划顺安种桑养蚕创富业。

(4)"双认定"工作回头看,继续深入开展"一户一策一卡"工作,让贫困户按需求得到帮扶。

(5)组织开展扶贫日活动,做好相关材料及时报送。

(6)走访贫困户,了解贫困户现状及发展需求,按实际情况,根据贫困户需求开展精准帮扶工作。

(7)完成集团公司及上级党委、政府交办的其他事项。

大兴镇顺安村第一书记工作总结

(2016年10月28日)

随着精准扶贫工作的深入开展,在上级党委、政府及集团公司党委的正确领导下,顺安村脱贫攻坚工作虽然遇到困难,但以不断前行的姿态扎实开展,在"摸石头过河"不断探索顺安村脱贫摘帽的路上,10月主要是继续以夯实第一临时党支部及顺安村党支部建设为抓手,以发展顺安村的规模产业为激活贫困户"造血"机能为出发点,按照贫困户、贫困村的发展需求,解决贫困户燃眉之急作为当前最重要的事，积极开展精准扶贫工作。10月开展了2016年脱贫户"双认定"回头看，完善村级档案资料为迎接都安县、河池市、自治区及国务院扶贫部门的督查等工作，将月度工作总结如下。

1. 查找缺陷，凝心聚力，建设基层党组织

9日，大兴镇部分党政人员在脱贫攻坚工作中履职不力被问责，主要表现为各种材料报送不及时等。参加完都安县组织部门在大兴镇紧急召开的通报会议后，立即组织第一书记临时党支部及顺安村党支部召开会议，认真吸取该次大兴镇部分党政人员履职不力的教训，扎实开展精准扶贫工作，按照上级党委、政府的工作要求，按时按质按量完成各项工作任务，杜绝类似事件的发生，在思想、行动上要切实做到与上级党委、政府一致，并及时向集团公司扶贫领导小组汇报相关情况。

组织第一书记临时党支部到自治区农科院学习考察，由于与都安县临时召开的脱贫攻坚培训会相冲突而未能成行，但各位第一书记都已经做好了学习内容和考察目的的相关准备，待今后有机会即能成行。

2. 充分准备，圆满完成"扶贫日"活动

"扶贫日"活动是10月的一项重要扶贫工作，在开展活动前，组织第一书记临时党支部认真学习自治区扶贫开发领导小组《关于印发广西2016年"扶贫日"活动方案的通知》，领会文件精神，组织落实到位。

顺安村在落实"扶危济困，你我同行"主题扶贫日活动中，慰问贫困户、孤寡老人44户，为他们送去慰问金

30400元，大米、花生油等慰问物资价值14636元；向顺安小学赠送价值5590元学习用具、价值8700元教学设施；第一书记拓宽扶贫渠道，与区团委积极联系，争取到10大件价值约10000元的小朋友衣物、鞋帽等，组织顺安希望小学的小朋友们自选爱心物资，得到了老师、家长及村民的交口称赞。

活动日结束，及时组织第一书记临时党支部就"扶贫日"活动进行总结，报送集团公司扶贫领导小组。

3."双认定"回头看，切实落实精准帮扶政策

上月报送2016年脱贫贫困户"双认定"材料后，经上级党委、政府及扶贫领导小组审核，对于认定过程中材料填报存在错、漏的一些问题，按照镇党委、政府和扶贫办的要求，按照政策文件要求的程序，重新开展相关工作，加班加点按时顺利完成。

"一户一册一卡"工作继续深入开展，组织都安县司法局帮扶人到贫困户家中，开展针对性的帮扶工作，与贫困户倾心交谈，认真谋划脱贫之法。

10月，各级督查都在展开，虽然没有抽查到顺安村，但同样为迎接都安县、河池市、自治区及国务院的督查做好各项准备，编写自查自评报告报送都安县基层办，较好地完成了工作任务。

4.解决饮用水问题引发的矛盾，推动顺安供水工程向顺利解决的方向发展

10月上、中旬，由于持续的干旱，村民自建收集雨水的水窖将干，部分泉水干枯，村民饮用水受到了很大威

胁，部分村民要求解决饮用水问题的意愿愈发强烈，向第一书记报告，甚至要做出堵截高速路的行为（因建设高速路时部分村民自建水池损坏，而存在遗留问题）。经第一书记及村委班子极力劝阻，做好村民的思想工作，暂时化解了矛盾。

重新编制了集中供水的报告及方案，交由镇党委成员、团委书记兼顺安村党支部书记向镇政府提交，以镇党委、政府名义向上级党委、政府报告。镇党委、政府在审核修改中，将向上级报告。

5.村委班子研究决定规模发展顺安种桑养蚕创富业，进屯入户动员群众种桑养蚕奔小康

13日，组织村委班子召开种桑养蚕发展顺安创富业专题会议。会议研究认为，顺安村过去有种桑养蚕基础，虽然种植甘蔗政策及建设高速公路毁坏了桑园，但技术还在，基础还有，特别是目前仍在坚持养蚕的部分村民收益可观，最高单户每年收益可达4万多元，起了很好的示范作用。当前由于受到养蚕场地及技术落后的限制，养蚕业无法形成规模。按照蚕业数据显示，蚕丝的需求量仍很大，发展种桑养蚕大有可为，通过技术培训。建设养蚕大棚，推广劳动力节约型养殖，顺安村种桑养蚕业将大有可为。该产业群众参与度广，养殖周期短，收益见效快，决定2017年在顺安村发展200~300亩桑园，带动100户以上贫困户参与，快速提高顺安村村民的生活水平。

会后，第一书记及村委班子立即展开行动，进屯入

户，动员群众规划种桑养蚕。目前已有近20户有发展意愿，相信经过全力工作，将有更多的人参与。

原计划本月到板岭乡仁和村考察学习大棚养蚕技术，因与该村脱贫攻坚工作有冲突而推迟。

10月的工作节奏十分紧张，特别是确定了顺安村产业发展的方向，将坚定不移地进行下去。为更好地做好精准扶贫工作，将11月的工作计划如下。

（1）继续建设好基层党组织，把第一书记临时党支部的工作做好。与集团公司扶贫领导小组及时沟通组织临时党支部到自治区农科院学习考察。

（2）持续跟踪顺安村供水工程报告的进展，力促该工程早日落实。

（3）与村委班子继续动员群众种桑养蚕，组织村委班子及养蚕能人外出学习考察，编制好顺安村种桑养蚕业可行性研究报告。

（4）整理脱贫攻坚资料，做好档案工作。

（5）与都安县相关部门沟通联系，尽快落实顺安村加进至加东等7条屯级路的硬化，以及建设顺安村文体中心事宜。

（6）修缮顺安村村委办公楼，更换腐烂的门窗，安装照明等。

（7）走访贫困户，了解贫困户现状及发展需求，按实际情况，根据贫困户需求开展精准帮扶工作，组织都安县司法局帮扶人规划2017年分批"双认定"工作。

（8）完成集团公司及上级党委、政府交办的其他事项。

2017年上半年大兴镇顺安村党组织第一书记工作总结

（2017年7月1日）

2017年是顺安村进入精准脱贫攻坚战的第二年，也是关键一年，在2016年精准识别及深入调研的基础上，能否谋划好2017年的脱贫攻坚工作，关系到顺安村能不能如期顺利完成脱贫任务。由此，在2017年上半年，围绕顺安村脱贫攻坚的关键任务，第一书记团结村两委班子，紧紧依靠镇、县及上级政府的正确指导，在后援单位广西投资集团有限公司（简称广西投资集团）的坚强支持下，就顺安村发展村级集体经济、建设路和供水等关系民生的基础设施、将生存条件恶劣贫困户易地移民安置等主要方面，开展了艰苦努力且富有成效的工作。现将2017年上半年工作总结如下。

一、定点扶贫工作情况

（一）广西投资集团为顺安村的脱贫攻坚工作提供坚强后盾

广西投资集团各级领导大力支持、关心顺安村开展扶贫工作，为顺安村脱贫摘帽工作提供了大力支持和指导，尤为关注顺安村村级集体经济发展，在"输血"救急的同时，把"造血"作为扶贫工作的重点来抓，为找准顺安村产业发展方向，多次深入顺安村实地调研，了解适合顺安村实际的发展项目及群众发展意愿，因地制宜，指导党组织第一书记规划顺安村产业项目。

年初，集团公司组织开展新春慰问及助春耕活动，送出慰问物资、慰问金共计1.8万余元，解决贫困群众眼前之困，帮助贫困户发展生产、增收脱贫。

集团公司党委书记、董事长周炼，党委副书记、工会主席廖应灿，纪委书记吴法等先后到顺安村进行调研、指导党组织第一书记开展扶贫攻坚工作，并深入贫困户家中，与贫困户详细了解生产、生活困难。集团主管扶贫工作领导、党组织第一书记所在企业领导不定期到顺安村检查指导扶贫工作进展。

（二）党组织第一书记严格按照要求驻村开展精准扶贫工作

按照自治区相关文件要求，顺安村党组织第一书记认真履责，做好驻村工作，在集团公司、大兴镇党委、政府及自治县相关领导的指导下，规划好顺安村产业发展。

一是结合都安县八大产业，制定了顺安村桑蚕、山葡萄等产业发展规划，村级集体经济有望获得突破。主要发展两个特色产业：种桑养蚕和两性花毛葡萄。这两个产业均在县委、县人民政府主导发展的"八大产业"之内。2018年全村规划种桑500亩（其中村集体发展种植200亩），2020年全村扩大规模到1000亩（其中村集体发展种植600亩）。2018年规划种植两性花毛葡萄500亩，2020年发展到1000亩。顺安村村级集体经济收入目标是：选定两性花毛葡萄、种桑养蚕作为村级集体经济主要发展项目，利用村集体所有的资源、帮扶后盾单位扶持资金、村级集体经济收入发展资金，采取自主经营、入股合资、贷款等模式投入项目，产生经营利润、股金分红、贷款利息等集体经济收入，力争2017年村集体经济收入达2万元以上，逐年提高，到2020年达10万元以上。同时，全力推进都安县重点"户均一头瑶山牛""千山万弄百万羊"项目，积极组织贫困户种植牧草，进行"贷牛还牛""贷羊还羊"。

二是多方沟通协调，顺利推动顺安村自来水系统升级改造项目开展，目前已做施工前期准备工作。多方的奔走、请示、报告，终于事情有了着落，项目即将得到落实。2017年5月，都安县水利局相关技术人员带着方案到顺安村进行现场勘查，拟在加进队建设自来水系统高位水池，升级改造顺安村自来水系统；分别在福兴队和弄龙队建设集中供水点蓄水池；拟在2017年6月开工。接下来的工作就是跟踪落实，顺安村饮水问题将得到很好解决，群众喝水难、不安全的现象将一去不复返。

三是积极动员居住在交通不便、自然生存条件恶劣环境中的贫困户易地移民安置。移民搬迁一直是顺安村的扶贫工作重点之一。易地安置政策出台后，如何动员贫困群众搬出穷山变成了一项艰巨的任务，故土情深，担心搬出去住不下，每家有每家的想法，每户有每户的忧虑。白天农户都干活去了，一般很难找到，因此，晚上成为动员群众移民搬迁的工作时间，一次次在夜幕降临时入户，与他们在昏暗的灯光下聊现状，谈子女教育，寻找说服他们的切入点，最终动员64户291人报名搬迁。至此，交通条件落后的村民小组，除家庭没有劳动力无能力搬迁外，均已报名搬迁。

（三）认真开展"一帮一联"结对帮扶，把"一户一册一卡"工作落实到位

一是组织集团公司及所属企业结对帮扶党员、职工积

极参与到对帮扶对象的帮扶工作中来，深入帮扶贫困户家中宣传扶贫政策，了解家庭情况，解决贫困家庭生活困难问题，帮助贫困户制订脱贫计划。

二是通过帮扶单位司法局帮扶干部及顺安小学老师将帮扶对象的帮扶手册收集到村委，花较大的时间和精力进行认真检查，用时约15天，并将检查发现的问题反馈给帮扶干部和老师。通过检查，发现帮扶干部和老师在填写帮扶手册的时候仍存在诸多问题，向他们进行反馈，确保帮扶手册的正确填写。

（四）发挥临时党支部堡垒作用，促进集团定点帮扶都安各贫困村精准扶贫工作协调统一

2017年，临时党支部在集团公司党委的领导下，紧紧围绕精准扶贫工作任务，不定期集中临时党支部各位党员，就扶贫等工作中的收获进行总结、交流，共同学习政策、文件、会议精神，就发展村级集体经济、建设贫困村基础设施、贫困户易地安置、贫困户增收脱贫等方面，集思广益，沟通认识，统一思想，将各党员能力、能量汇集形成合力，以促进驻村各项工作的执行，贯彻落实政策更到位；解决各党组织第一书记工作遇到的难题，共同商讨解决问题的办法，疏通工作中的症结。过好组织生活，临时党支部在精准扶贫工作中的攻坚堡垒作用进一步增强。

二、存在问题

上半年，各项扶贫攻坚工作都取得了一定成效，但由于贫困户自身的局限性和实际工作的复杂性及多样性，仍存在一些问题需要花较大精力加以解决。

（一）部分贫困户存在等靠要思想

部分群众自身发展动力不足，在现有政策下，他们倾向于获得政府给予的物资、资金，伸手要的情况仍存在。

针对这些只想获得一时之利、没有发展动力的群众，不断的思想工作以及帮助他们树立靠勤劳的双手致富的志向，是党组织第一书记、村两委班子及帮扶干部工作的要点。

（二）顺安村自身资源缺乏

全村原有耕地面积1654.34亩，全部为旱地，因青壮劳力外出务工，耕作难度大的石漠化耕地已大部分丢荒，当前仍在耕作的面积约700亩，土地资源稀缺。矿产资源除了暂无大规模开发价值的石灰岩，再无其他。村集体资产仅有一栋2层办公楼、一个文体中心和一个篮球场，其中文体中心和篮球场位于偏僻角落，暂无利用价值，办公楼作为村委日常办公使用。在无其他资产的情况下，一直以来，顺安村集体经济收入为零，是一个"空壳村"。

发展顺安村的村级集体经济，外力成为一个重要的支撑，政府发展基金及后盾单位的帮扶资金是顺安村"借力无中生有"的可靠选择项。

三、2017年下半年工作计划

（一）完善基础设施建设。多方筹措资金，硬化、建设屯级路约23.5公里，解决各村屯行路难的问题。完成升级改造顺安村自来水系统工程，建设弄龙、福兴两个集中供水点，解决安全饮水问题。

（二）依托集团帮扶贫困村产业发展的强力后盾，以政府产业发展规划，带动村集体经济发展，摆脱"空壳村"的现状。继续引导青年、能人、大学生等返乡创业，积极推动专业合作社发展，大力发展特色产业，树立品牌，形成一定规模，延伸产业链，带动贫困户脱贫致富，摘掉贫困村的帽子。

（三）努力推进易地安置工程，让贫困群众搬出穷山，并在易地安置点住得下、有发展，过上幸福生活。

（四）以提高人口素质为本，继续巩固教育扶贫效果，配合政府"雨露计划"，渐进式开展农村义务教育和高层次教育贫困家庭子女扶贫，提升山区孩子受教育水平。开展职业培训扶持工作，以农家课堂为依托，持续开展农民工转移就业技能培训，提高农民工技能水平，扩宽就业渠道，实现就业增收。

下半年，扶贫工作的重点将是落实贫困村的扶贫项目资金，多办实事、多做好事，发展顺安村产业，增强造血功能。我们将继续努力，为完成顺安村"十三五"脱贫任务、早日奔小康做出积极贡献。

下篇　成效初显难别离

潜心尽力扶贫，功成不必在我
——顺安村党组织第一书记脱贫攻坚工作总结

（2018年3月3日）

大兴镇顺安村为"十三五"贫困村，是集团公司定点帮扶都安瑶族自治县5个贫困村之一。该村位于都安县城北部40公里的大山深处，距大兴镇政府所在地10公里，村级硬化公路通村。顺安村辖27个村民小组444户，人口1789人，经2015年精准识别及每年贫困人口动态调整和双认定脱贫后，现有未脱贫贫困户111户455人，计划2019年整村脱贫摘帽。顺安村地处大石山区，土地资源稀缺，无水田，全村原有旱地1600多亩，随着社会经济的发展，青壮劳动力大都外出务工，石漠化的耕地逐步被弃耕，现仍耕作的面积有700多亩。2018年以前，顺安村农户以种植玉米为主，兼种黄豆、黑豆等豆类，套种红薯等作物，部分农户种桑养蚕或种植牧草养牛。顺安村集体经济收入为零，是一个"空壳村"，村集体资产仅有一栋2层办公楼、一个文体中心和一个篮球场。其中文体中心和篮球场位于偏僻角落，暂无利用价值；办公楼已破旧，作为村委日常办公使用。

2015年9月任顺安村党组织第一书记以来，在集团公司的坚强领导和大力支持下，切实履行第一书记工作职责，完成各项扶贫任务；在上级党委政府的正确领导下，把贫困户的帮扶措施落实到位，建强顺安村党支部，建设顺安村基础设施，发展顺安村村级集体经济。顺安村的脱贫攻坚工作纷繁错杂，各项工作交织重叠，为落实中央、自治区及各级党委政府的脱贫攻坚政策，不断理顺工作思路，综合协调各方力量，按轻重缓急，有条不紊地扶贫攻坚，扶贫成效初显。现将任顺安村党组织第一书记以来的工作总结如下。

一、扶贫工作成效

（一）抓帮扶，精准扶贫工作到位

1. 做好结对帮扶的组织与协调工作

顺安村的结对帮扶工作组织有序、帮扶到位。帮扶工作是扶贫攻坚工作的重点，通过有力的组织与协调，所有在顺安村进行帮扶的干部形成共识：做好帮扶工作，为贫困户"造血"。顺安村的贫困户帮扶工作涉及多个单位，包括集团公司、县司法局、顺安村小学和大兴镇卫生院，各个单位本职工作都已不轻，在做好岗位工作的同时，如何做好帮扶工作，既是帮扶干部的难题，也是第一书记需要解决的困局。为做好帮扶工作，第一书记积极与帮扶司法局等帮扶单位联系协调，一是开展多次培训与座谈，统一帮扶思想，交流帮扶心得经验，共同解决帮扶工作中遇到的困难；二是建立帮扶工作微信群，通过现代媒体手段，及时发布扶贫政策、帮扶信息，快速沟通；三是第一书记手机24小时待命，随时与帮扶干部、贫困户进行耐心的交流，让各方满意。两年多来，通过认真细致的帮扶工作，激发了绝大多数贫困户通过勤劳的双手脱贫致富的志气，动员生活在不适合生存的环境中的贫困户易地搬迁，为因病、因学致贫户争取政策，引导有劳动能力的贫困户接受培训、外出务工、发展生产等。

2. 认真完成"一户一卡一册"的填写工作

把"一户一卡一册"作为帮扶干部与贫困户联系的纽带之一，按照自治区及上级党委政府的要求，把帮扶手册填写好。年初，自治区发布新的帮扶手册，在接受相关培训后，认真落实对各帮扶人员的培训工作，并不间断地对帮扶干部的手册填写进行有组织的或随机的检查指导，平时为帮扶干部解答填写手册的疑问，并积极向上级主管扶贫部门汇报填写手册遇到的问题、咨询解决方法。历年共计检查帮扶手册超600本次，解决上千次手册填写问题。2017年，帮扶手册的填写工作成为各级党委政府督查考核的重点内容，自4月7日，在两周时间内，收集帮扶干部手中的手册，进行一轮大范围的检查指导，通过此次检查，纠正了帮扶干部填写手册时容易发生的错误。10月，由镇政府统一组织，开展了一次全面的手册检查，对发现的问题，认真组织进行整改。全体帮扶干部对全村179套帮扶手册进行地毯式检查整改，完善信息对照表，以确保贫困户的信息得到真实反映，确保国办系统的信息、数据与帮扶手册一致。

3. 开展形式多样的慰问帮扶活动

在集团公司党委领导下，除完成上级党委、政府要求完成的帮扶任务外，牵线搭桥集团公司及所属公司51位党员干部职工，与贫困户结对帮扶助困（对贫困户死亡绝户和财产检索发现不符合贫困户进行剔除，柳州电厂有3名党员不再进行结对帮扶）；集团公司董事长等48名结对帮扶党员干部职工切实落实自治区扶贫开发领导小组《关于进一步抓好"一帮一联""一户一册一卡"工作的通知》（桂扶领发〔2016〕21号），按要求深入贫困户家中，了解贫困户家庭生活生产情况，向贫困户宣传扶贫政策，鼓励贫困户树立脱贫信心，与贫困户一起探索脱贫致富之路,帮助贫困户解决实际困难,累计向贫困户赠送价值 2 万多元的大米和食用油,发放慰问金 3 万多元。到 2017 年 9 月,"为确保帮扶效果",按照自治区结对帮扶工作整改要求,都安县在实施"1 名干部帮扶贫困户不超过 5 户"过程中出现干部大量不足、顺安村缺口 41 户贫困户无帮扶干部的情况,向集团公司汇报后,集团公司立即组织党员领导、员工充实到帮扶队伍中,第一时间增派总经理等 41 名党员领导、员工进村入户工作。

集团各所属企业公司根据各自的优势,也到顺安村开展各项帮扶工作。方元电力股份公司向顺安村委捐赠投影仪,为贫困户捐赠御寒衣物;柳州电厂向顺安小学捐赠衣物、若干书籍及 60 多床棉被;桥巩水电站组织员工开展募集 3 万多元资金,为贫困户送温暖,向顺安小学捐赠书架等物品。

教育扶智是在顺安村开展扶贫工作的重点之一,驻村期间,通过与学校的交流,解决学校当前亟须解决的问题。为更好地进行扶智工作,与集团公司及所属企业协调沟通,做好规划,为发展顺安村的教育事业尽心尽力。

4. 落实贫困人口动态调整工作

2015 年 10~12 月,与桥巩水电站派出的 3 名参与贫困户精准识别工作的队员一道,不分昼夜,加班加点,连续奋战,完成全村 420 户(五保户及空挂户除外)的入户识别工作,完成 206 户 839 人的建档立卡并录入自治区精准扶贫系。

根据自治区贫困人口动态调整精神,按照《关于进一步做好贫困人口动态调整工作的通知》(桂扶领办发〔2017〕34)号的统一部署,结合河池市、都安县配套的通知、督查文件等，在大兴镇党委、政府的领导下，落实开展顺安村贫困户和贫困人口的动态调整工作，夜以继日加班加点，收集整理相关档案材料，接受各级检查、督查，确保做到不漏一户一人，扶真贫、真扶贫。2017年3月、5月分别开展了可疑贫困户财产检索及入户确认和上报工作，到7月底，按照阶段性的工作部署，进行错评贫困户的剔除工作、应纳尽纳贫困户的认定工作、整屯搬迁应纳尽纳贫困户的认定工作及返贫退出户的识别工作，并根据上级政策的变化，不断调整工作方式和方法，持续奋战至9月末，完成相关工作。在贫困人口动态调整工作中，顺安村共计剔除错评贫困户20户，识别退出返贫户20户，应纳尽纳贫困户3户，整屯搬迁应纳尽纳贫困户4户。

至此，顺安村建档立卡户规模为，2014年退出户30户131人（需继续观察1年），2015年退出户15户59人（需继续跟踪1年，观察1年），2016年脱贫户20户90人（需继续跟踪2年，观察1年），2017年脱贫户33户123人，未脱贫户111户455人。

5. 完成各年度双认定工作

顺安村的双认定工作已经根据自治区有关文件精神，在河池市、都安县相关文件的指导下，严控时间节点，严格程序，完成村民小组（屯）初选、行政村审核上报初步名单、核验工作队入户核验、村民小组（屯）评议、行政村评议、行政村公示、乡镇审核公示、县级审定公告等八个阶段工作，现正由上级部门进行向设区市和自治区备案。2016年双认定23户106人，由于在2017年财产检索时剔除3户，实际双认定20户90人；2017年，顺安村原计划脱贫40户201人，根据上级工作的统筹安排，在实际中，对能稳定脱贫的33户124人开展双认定工作。经两年双认定后，顺安村尚有111户455人未脱贫。在双认定工作中，工作队、帮扶干部、预脱贫户通力合作、配合默契，顺利完成了上级下达的工作任务。

（二）抓党建，建强顺安村党支部

1. 建设好村两委班子

党支部是脱贫攻坚战的关键、领导核心、战斗堡垒，驻村伊始，就着手完善临时党支部工作制度和驻村党组织第一书记工作制度，并把制度上墙，做好"三会一课"工作，凝聚和团结党员，使党员更好地参与到建设顺安村的各项工作中，发挥党员带头模范作用，并大力培养骨干，特别是年轻骨干，使之党性强、能力强、改革意识强、服务意识强，成长成为战斗堡垒里的突击队员。

在镇党委和政府的正确领导下，以"两学一做"专题教育为契机，围绕落实全面从严治党、认真履行基层党建工作，认真履行驻村党组织第一书记工作职责，谋全局、抓重点，以实事求是的工作作风对党的基层组织工作真抓真管、细抓严管，取得了较好成效，组织党员干部进行学习先进人物事迹、十八届六中全会、十九大精神等。

两年来，团结顺安村两委班子，健全组织生活，积极打造全心全意为群众服务的班子，获得群众的一致认可，在2017年的换届选举中，除加强补充年轻委员，上届班子主要骨干成员继续留任。

2. 规划建设新顺安村公共服务中心

顺安村现有一栋两层办公楼，已建成使用十多年，办公楼没有柱子，房梁构件简单，年久失修，卫生间无法使用，线路老化，房间易潮易霉，木质门窗已腐朽，资料存放在办公楼内一夜即受潮，且房舍靠近路边，宣传栏等无位置安装，各种惠民政策的张贴、告示受到影响。顺安村是大兴镇13个村中办公条件较为艰苦的村之一，群众有强烈的愿望要改变现在较差的公共服务环境。建设新顺安村公共服务中心，不但为顺安村树起"窗口"形象，推进顺安村公共服务体系完善，对促进顺安村社会主义新农村建设有重要意义，而且有好的公共场所也是顺安村文化基础设施建设的需要。

为改善顺安村办公环境，更好地为脱贫攻坚工作服务，与村委班子一道，积极向上级党委政府协调建设项目，落实资金，镇政府已邀请设计单位进行相关工作。该项目占地2亩，总投资预算50万元。经上报镇党委、政府批准，将集团原捐赠修缮费用共计4万元转为建设新公共服务中心资金；政府文化部门同意拨付建设村级球场6万元；镇党委、政府征求县文体局同意后，拟拨付建设顺安村公共服务中心资金10万元，目前已解决20万元资金，尚有30万元资金缺口。

（三）抓"造血"，努力发展顺安特色产业

两年来，根据政策变化、顺安村实际发展需求，不断调整、完善、成熟顺安村产业发展规划，目前形成了组织顺安村村民合作社自主发展种桑养蚕，与农民专业合作社合伙经营肉牛养殖业，引导能人开发顺安村山地休闲旅游三个产业。

1. 村民合作社自主发展种桑养蚕

经多方调查，早年种桑养蚕在顺安村已有所发展，群众获得过种桑养蚕带来收益的甜头，只因受发展蔗糖业及修建高速公路等冲击，刚起步的桑园受毁，目前仍坚持养蚕的虽然仅5家，但效益最好的农户年收入超7万元，示范效应明显。顺安村很多农户对种桑养蚕仍十分向往，有发展桑蚕业的愿望，有学习新技术的需求。原规划引进龙头企业都安万有茧丝绸有限公司到顺安村合作开发400亩土地进行种桑养蚕，但由于与该公司的合作过程中的资金、合作模式等问题无法达成一致意见，经上级党委、政府同意，顺安村决定由村民合作社自主经营种桑养蚕项目。

顺安村村民合作社于2017年9月在上级党委、政府的指导下建立，村民合作社依法设立、全体村民参加，集体所有、合作经营、民主管理、服务社员，承担村级集体资金、资产、资源的经营管理职能。村民合作社利用政府支持产业发展资金30万元及集团公司产业扶贫资金50万元，一期规划建设200亩桑园、1000平方米标准化养蚕车间，实行专业化、标准化、规模化管理。项目于2017年12月启动，政府支持发展产业资金已到账，已完成土地流转100亩，桑苗已采购50万株，近期将组织进行桑园种植，养蚕车间已选址完成，将于春节后施工。

种桑养蚕是劳动较为密集的项目，需要参加劳动的人员较多，能带动较多贫困户脱贫致富。预计，该项目一期将带动50户贫困户参与工作，户均年收入1万元。

2. 与农民专业合作社合伙经营肉牛养殖

顺安村中一部分贫困户，因无能力或家中主要劳动力外出务工无劳动力饲养等原因无法实施"贷牛还牛"项目，由顺安村村民合作社组织集中代为养殖，与都安山峰养殖专业合作社合伙育肥黄牛。该项目不仅能支持专业合作社在顺安村的壮大发展，又解决无能力或主要劳动力外出务工无劳动力饲养等原因无法实施政府"贷牛还牛"项目贫困户通过项目获得收益的问题，同时也为顺安村村集体经济带来收入，是一个三赢的项目，也是顺安村在镇党委政府指导下的一个创新。

目前，合伙项目已经分两批进牛犊46头，经3个月的饲养，牛犊长势良好，下一步将严格管理，控制成本，预计在2018年11月将有好的收成。

另外，目前在和顺安村另外一个养殖黄牛的合作社洽谈合伙，扩大规模，力争将顺安村的种草养牛产业发展上一个新的台阶。

3. 引导能人开发顺安村山地休闲旅游

顺安村祖辈用巨大山石砌成石板路，巨石山门，曲径通幽，一路向前，步步惊艳，不需走回头路，即返出发点，一个其他地方没有的景色，一个待开发的山地休闲旅游处女地，藏于深山，停车可坐看山林晚霞，山上山下均可露营；而且加东、弄蕉由于生态环境好，目前有一群80多只的猕猴生活其间，也是驴友向往之地；福兴和福星是革命老前辈韦明豹建立顺安游击队的根据地，是红色旅游的亮点。经积极引导，革命老前辈的后代韦帆先生成立了旅游公司，规划设计顺安村山地旅游项目，已获得县政府有关部门的认可和批示，有望得以实施。

（四）抓民生，大力协调基础设施建设

1. 人饮工程

顺安村的人饮工程一直是扶贫工作的重点项目之一，经过不懈努力，多方奔走，向不同政府部门提交报告近10次，在集团公司领导的帮助和支持下，于2017年5月获批饮水安全巩固提升改造工程：①顺安村村部项目投资25万元，含蓄水池建设、机电设备更换及部分管路敷设；②干更点项目投资26.1万元，包括蓄水池和管路敷设；③古劳点项目投资8.9万元，为管路敷设；④弄龙点项目投资17.4万元，包括蓄水池和管路敷设。截至2017年12月，3个蓄水池已建成完工。移交后，后续工作继续在紧锣密鼓进行中，顺安村村民将用上清洁、安全的饮用水。

2. 电

顺安村最后一个未通电的村民小组于2017年12月通电，最终，经多方协调沟通，顺安村缺电死角被攻克。

3. 路

2016年4月，利用中央专项彩票公益金支持革命老区小型公益设施建设项目硬化村屯道路5条共4.33公里，投资143万元，惠及99户422人；利用"一事一议"项目建设3条屯级砂石路7.5公里，投资约80万元，惠及41户179人。

4. 危房改造

对于不愿意移民搬迁、仍住在危房中且已通路的农户，动员他们进行危房改造，2016年完成危改13户，涉及危改资金26.1万元。

5. 推动集团天然气、光伏发电扶贫项目落户敢皓安置点

在获悉集团实施天然气、光伏发电扶贫项目后，积极与清洁能源公司沟通协调，与上级党委、政府搭桥引线，将项目落实在大兴镇敢皓移民安置点，目前投资400万元，在建设实施阶段。

（五）抓"易安"，动员搬离穷山奔小康

顺安村的贫困户大都集中在交通条件落后的深山中，规划移民搬迁户91户384人，超过贫困户总数的50%，同步搬迁1户3人。在两年里，利用一切可利用的机会，完成动员整屯搬迁8个村民小组，已成功动员86户368人，另有6户19人仍在继续努力动员中。2017年底，完成搬迁的56户252人顺利入住新房，年后，那些移民搬迁到新居的贫困户在帮扶干部的指导下，纷纷外出务工，通过自己勤劳的双手，创造未来美好的生活。

二、扶贫攻坚体会

到顺安村开展扶贫攻坚工作转眼间已有两年半，任期即将结束。初到时雄心勃勃，遇困难时挠头抓耳，五加二白加黑地勇往直前，填写N多表格的焦头烂额，匆匆间，有成就感，也有不如意处，总的来说，该做的事都努力去办了，当然有办成了的，也有半成型还需进一步开展的。

在顺安村，体会最深的应该是：第一，把自己融入顺安村中，把自己当作顺安村的人，人到顺安，心也在顺安；第二，与顺安村村两委班子团结一致，成脱贫攻坚团队，

这对于建强基层党组织建设，提高团队执行力，把政策落到实处，尤为关键；第三，与上级党委、政府积极汇报沟通，获得上级党委、政府对于顺安村脱贫攻坚工作的认可与支持，是十分重要的；第四，实事求是，因地制宜，根据顺安村的实际，做顺安村脱贫攻坚最需要的事、发展顺安村可持续发展的产业，根据每一村屯实际，规划每一村屯的脱贫方式，根据每一户的实际，制定准确的帮扶措施；第五，要有强大的自我调节能力，作为第一书记到基层，需要协调方方面面，需要处理的事林林总总，承受着履职尽责带来的各种压力，必须时刻牢记作为一个合格党员应做的事，严格自律认真做好每一件事。

三、顺安村扶贫建议

驻村两年半时间，对顺安村有着很深的感情，对于顺安村下一步的扶贫攻坚工作，有以下建议。

（一）团结务实，建强顺安党支部

顺安村两委班子在两年多来的脱贫攻坚工作中，展现了强大的战斗力，为群众脱贫，为产业发展，为基础设施建设，为移民搬迁，付出了艰辛的劳动和无私的奉献，继续团结好顺安村两委班子，建强党支部，将为顺安村的脱贫摘帽提供强有力组织保障。建强党支部，建议建设新的顺安村公共服务中心，解决脱贫攻坚工作中顺安村落后的为民服务硬件，通过良好的为民服务环境，促进两委班子工作素质的提升。建设新的公共服务中心，初步预算资金为50万元，建议尽快落实资金，在2018年完成建设，迎接顺安村脱贫摘帽的考核和验收。

（二）持续跟踪，把安全饮水问题落实到底

虽然经不懈的努力已经落实了顺安村自来水系统蓄水池的总体工程，但给全村供水的项目仍存在问题需要着手解决：①配套的机电设备仍不能满足顺安村供水的需求；②旧的变压器容量小；③新安装的泵流量小，已故障停用；④旧的水泵扬程不够；⑤部分屯的管路未落实。建议持续与县水利局及上级党委政府沟通协调：①升级改造变压器和水泵，变压器容量达 50kVA 以上，水泵流量不小于 30 方，扬程不小于 150 米；②落实资金，完成村屯管路敷设，让群众喝上放心水。

（三）产业"造血"，让顺安村真的能"顺安"

顺安村的产业以桑蚕和养牛为主实现"两条腿走路"。桑蚕在顺安村有好的群众基础，支持该产业向规模化、标准化发展，实现工厂化生产、市场化运营，建成顺安 400 亩桑园，在弄劳、弄吊、弄王 3 个片区分别建设 1000 平方米的"养蚕车间"；养牛业是都安县大力支持和规划发展的产业，要紧跟上级党委政府走，种植牧草，在顺安村建成 3 个百头肉牛场，发展肉牛产业。届时，顺安村将走上农业工业化的路子。同时，继续鼓励和支持韦帆先生发展顺安村旅游产业。

简而言之，扶贫攻坚工作千头万绪，作为第一书记，两年半以来，在顺安村主要是服务于群众的脱贫致富需求，落实上级党委、政府下达的任务，不留私心，确确实实竭力尽责，不为名利，扎扎实实履职尽责，扶贫无愧于心，脱贫无愧于民。

参考文献

都安瑶族自治县志编纂委员会编《都安瑶族自治县志》，广西人民出版社，2016。

李博、左停:《谁是贫困户？精准扶贫中精准识别的国家逻辑与乡土困境》,《西北农林科技大学学报》(社会科学版) 2017年第4期。

李小云:《构建新制度，提高扶贫成效》,《中国老区建设》2014年第9期。

刘永富:《党的十八大以来脱贫攻坚的成就与经验》,《求是》2017年第6期。

陆汉文:《落实精准扶贫战略的可行途径》,《国家治理》2015年第38期。

青连斌:《贫困的概念与类型》,《学习时报》2006年6月5日。

汪三贵、郭子豪:《论中国的精准扶贫》,《贵州社会科学》2015年第5期。

张为民:《脱贫步伐加快，扶贫成效显著，我国贫困人口大幅减少》,《中国信息报》2015年10月16日。

左停、杨雨鑫、钟玲:《精准扶贫：技术靶向、理论解析和现实挑战》,《贵州社会科学》2015年第8期。

Ananya Roy, Genevieve Negron-Gonzales and Kweku Opoku-agyemang et al., *Encountering Poverty: Thinking and Acting in an Unequal World* (Oakland: University of California Press, 2016).

Angus Deaton, "Measuring Poverty", in *Understanding Poverty*, ed. Abhikit Vinayak Banerjee, Roland Benabou and Dilip Mookherjee (New York: Oxford University Press, 2006).

R. Chambers, *Whose Reality Counts:Putting the First Last* (London: Intermediate Technology,1997).

David Hulme, "Global Poverty: Global Governance and Poor People in the Post-2015 Era", *The Europe Journal of Development Research* 28(2016).

James Foster, Joel Greer and Erik Thorbecke, "A Class of Decomposable Poverty Measures", *Econometrica* 52 (1984).

J. Haughton, S.Khandker, *Handbook on Poverty and Inequality* (Washington, DC:World Bank, 2009).

D. Narayan, R. Patel and K. Schafft et al., *Can Any One Hear Us? Voices From 47 Countries* (Washington, DC: World Bank, 1999).

M. Ravallion, "Evaluating Anti-Poverty Programs and Book of Development Economics," *Handbook of Development Economics* 4 (2007).

Jeffrey D.,Sachs, *The End of Poverty: Economic Possibilities for Our Time* (New York: Penguin Books, 2005).

United Nations Statistics Division, *Handbook on Poverty Statistics: Concepts, Methods and Policy Use* (2005).

后 记

呈现在读者面前的这份报告是2016年中国社会科学院国情调研特大项目"精准扶贫精准脱贫百村调研"子课题顺安村精准扶贫现状调研的成果。项目的立项、开展、结项以及成果的出版，都得到了中国社会科学院科研局、中国社会科学院农村发展研究所、广西投资集团、都安瑶族自治县相关部门、大兴镇人民政府、顺安村村"两委"的大力支持，在此一并致谢！

笔者要特别感谢中国社会科学院农村发展研究所所长魏后凯百忙之中审阅报告，并提出了中肯、具体的修改意见，使报告增色不少并得以顺利出版。广西投资集团的庞华女士、李小兰女士帮助项目组联系调研点，才使我们有缘在顺安村开展调研活动。中国社会科学院农村发展研究所科研处处长彭华为项目协调工作提供了便利；马翠萍博士参与了驻村入户调查，她认真的工作态度帮助我们收集到了更多高质量的第一手资料。大兴镇挂顺安村干部苏志向协助我们入村调研，并承担了翻译的工作。村委副主任石忠安家为项目组在顺安村调研期间提供了食宿，并参与了资料的收集整理。顺安村的韦帆总经理陪同考察了顺安村旅游开发景点，并提供了相关材料。应该说，调研报告是大家共同努力的结果。

作为顺安村驻村第一书记的韦鹏，为项目的顺利实施立下了汗马功劳。从开车接送、联系农户、陪同调研、提供数据资料到参与报告的讨论和写作，无不体现他踏实、勤奋、真诚、认真的高贵品格。小伙子张宗帅，作为中国社会科学院研究生院文学专业的研究生，以高度的热情和认真负责的态度参与到顺安村的精准扶贫调研活动中，除了参与资料收集和报告写作，自身更是在农村广阔的天地中得到锻炼和成长。

人生由一幅幅风景画构成，我们的工作就是在不同的时间和地点绘制出不同的画面，不管绘制的质量如何，都是我们人生最为宝贵的财富，值得我们永远怀念和珍惜。在过去一年多的时间里，在响应国家脱贫攻坚全面建成小康社会的伟大号召下，我们有缘聚集在顺安村的百里弄场，亲眼见证了顺安村村民在精准扶贫精准脱贫的实践中所面临的困惑、冲突、努力以及对幸福生活的向往，切身感受到了广大农民群众对国家帮扶的感激之情，同时也知道他们在深深期待国家能够制定出更多符合实际、更加公平合理的扶贫政策。在调研期间，大多数村民都给予了我们最大的善意、理解和支持，尽力配合我们的调研。实际上，他们自酿米酒的清香早已浸染到我们的字里行间，不知不觉中成了依依惜别时最深的记忆。在这里遥祝他们早日脱贫致富，共享盛世繁华。

廖永松

2018 年 8 月

图书在版编目(CIP)数据

精准扶贫精准脱贫百村调研.顺安村卷:"石山王国"村庄贫困治理的逻辑/廖永松,张宗帅,韦鹏著.--北京:社会科学文献出版社,2018.12
 ISBN 978-7-5201-3533-7

Ⅰ.①精… Ⅱ.①廖…②张…③韦… Ⅲ.①农村-扶贫-调查报告-都安瑶族自治县 Ⅳ.①F323.8

中国版本图书馆CIP数据核字(2018)第220903号

·精准扶贫精准脱贫百村调研丛书·

精准扶贫精准脱贫百村调研·顺安村卷
——"石山王国"村庄贫困治理的逻辑

著　者/廖永松　张宗帅　韦　鹏

出 版 人/谢寿光
项目统筹/邓泳红　陈　颖
责任编辑/吴　敏　吴云苓

出　　版/社会科学文献出版社·皮书出版分社(010)59367127
　　　　　地址:北京市北三环中路甲29号院华龙大厦　邮编:100029
　　　　　网址:www.ssap.com.cn
发　　行/市场营销中心(010)59367081　59367083
印　　装/三河市东方印刷有限公司

规　　格/开　本:787mm×1092mm 1/16
　　　　　印　张:17.5　字　数:174千字
版　　次/2018年12月第1版　2018年12月第1次印刷
书　　号/ISBN 978-7-5201-3533-7
定　　价/59.00元

本书如有印装质量问题,请与读者服务中心(010-59367028)联系

▲ 版权所有 翻印必究